GOETHE

le grand Européen

CHEZ LE MÊME ÉDITEUR

Le bain sacré, par Daniel HENRIOT (1989).

Il y a des anges au jardin, par Maurice LOTON (1989).

Sables mouvants, par Catherine STYLES (1989).

Les Sortilèges du gisant, par Henri Pierre JEUDY (1989).

L'Éphémère ou la mort comme elle va, par Michel ARRIVÉ (1989).

Un sourire dans le brouillard, par Jacques DEBS (1989).

Le mur écorché, par Juan ALONSO (1989).

Les portiques de la mer, par Chams NADIR (1990).

Les thermes de Stabies, par François JOST (1990).

Goethe, le grand Européen, par André SUARÈS (1990).

ANDRÉ SUARÈS

GOETHE

le grand Européen

LITTERATURE

Si vous souhaitez être tenu au courant de la publi-
cation de nos ouvrages, il vous suffit d'en faire la
demande aux Éditions Méridiens Klincksieck,
103, bd Saint-Michel, 75005 Paris.

Photo de couverture : Vieille ville de Weimar avec
l'église Saint-Pierre et Saint-Paul.

© Librairie des Méridiens Klincksieck et Cie, 1990
ISBN 2-86563-272-5

I

Notre Goethe

Goethe est le plus grand des Européens; il est aussi le premier, depuis Montaigne; et peut-être le seul avec Stendhal. Voltaire n'est qu'un faible essai de Goethe : car il a tout de Goethe moins la puissante poésie. Dans Goethe, au-dessus des dix hommes qui vivent en lui, le poète est le plus grand, et celui qui lie toute la gerbe. Goethe savait bien ce que je dis là : il a rendu justice à Voltaire mieux que personne. C'est que le magnifique poète est un homme du dix-huitième siècle, tout en annonçant le dix-neuvième et les suivants : il rend présente la raison classique et la vertu de l'Antiquité à l'âge sensible qui vient de naître, à l'ère romantique. Goethe est le grand médiateur. Il n'y a de salut pour l'Europe que dans l'esprit de Goethe. Mais il n'est pas possible que cet esprit s'éteigne, puisqu'il est celui de l'Europe même, et que l'Europe ne serait qu'un mot vide sans lui.

II

Dans l'ancien monde, quelques docteurs chrétiens, porteurs de l'unité catholique, ont été des Européens. Mais ils le furent dans l'espèce religieuse : leur Europe était un Islam : il y avait une foi : il n'y avait pas d'Europe. La foi est un sentiment, fondé sur le mystère. Non moins qu'une fonction du sentiment, l'Europe est une forme générale de la raison. En chaque esprit capable de s'élever à cette forme rare, l'Europe est une volonté. Elle semble même une volonté nécessaire. Ce qui ne veut pas dire qu'elle doive s'accomplir fatalement.

III

Il y a dix hommes dans Goethe, et un mystique, en qui les dix autres s'assemblent au somment de la pyramide. *Faust* a suivi Goethe toute sa vie durant : de vingt ans à quatre-vingt-trois, il s'est confessé dans ce poème. Or, ce grand, magnifique et profond monument, bâti tout entier sur l'action, s'il commence par l'action, ne se borne pas à elle. Presque cynique, l'action est d'abord le renoncement à la science : de l'air, de l'air! loin de la spéculation et des livres! Au son des cloches de Pâques, au jour de la résurrection, le maître du savoir renie l'étude et la paperasse : il s'évade du laboratoire; il sort de la poussière et s'élance dans la vie. En tant qu'elle est le tout de l'intelligence et des docteurs, la science n'a pu lui suffire; et pas davantage l'action ne lui suffit. Goethe, avec Faust, finit par l'amour mystique : il est le terme, en effet, de toute intuition et de tout ce que l'action attend ou exige de la vie. Il est la vivante, l'éternelle connaissance.

IV

Goethe ou le courage de vivre

Un grand homme, on ne l'enferme pas dans un mot : si l'homme est assez grand, le mot est faux. Cependant, on peut chercher le trait essentiel d'une puissante figure, celui qui frappe d'abord et, ensuite, qui se révèle dès la jeunesse, que le grand âge n'altère pas, et même qui se marque davantage à mesure qu'il persiste. Ce trait n'est pas tout l'homme, il s'en faut bien; mais il définit, il cerne le caractère. Si je le cherche dans Goethe, je trouve le courage de vivre.

Goethe veut la vie en toutes ses formes, ou à peu près; il s'y élance, il l'étreint, il l'accepte à tous risques; il ne se lasse pas de s'y mesurer; plus il s'y confronte, plus il entend s'y augmenter lui-même et s'enrichir; il y fait servir jusqu'à ses échecs et ses plus fortes pertes, s'il en subit. Sans jeu d'antithèse, Goethe s'élève sur ses propres ruines : toute pierre qui se détache de lui, toute poussière même, tombe droit sous ses pieds et lui fait socle. Son commerce avec la vie est parfois une lutte ; mais cette lutte est pareille à l'amour qui ne refuse rien pour durer et qui accepte tout pour être. Qui plus aime, est le plus.

Un certain goût bourgeois, une certaine timidité à l'endroit de la morale bourgeoise, une certaine peur du qu'en-dira-t-on et du scandale dans tous les sens, même dans l'ordre de l'invention et de l'esprit, voilà peut-être la seule limite de Goethe. Mais à cet égard, il est le plus libre et le seul entre les Allemands de son temps : Schiller est un pharisien près de lui.

Toute poésie doit être un poème de circonstance. On ne fait rien, on ne doit rien faire en art qui ne vienne de la vie. Le poème accomplit la vie et les passions, ou nous en délivre. Mais il est vide, s'il n'en sort pas aussi naturellement que le fruit de la plante féconde.

Il suit de là que le poète, s'il n'est d'abord ardemment engagé dans les passions de la vie, ne peut donner que des œuvres vaines.

Dans l'homme de lettres, qui n'est rien de plus, tout est pris par la lettre à la fin, et l'homme est anéanti.

Goethe est de tous les poètes celui qui ressemble le moins à l'homme de cabinet, qui fait profession de poésie et d'écrire. Au fond, il déteste et méprise cette espèce, qui est la plus générale de toutes : au point qu'un artiste à la façon de Goethe est ce qu'il y a de plus rare aujourd'hui et de plus méconnu. Flaubert est l'anti-Goethe.

V

Schiller l'était déjà. Il fait le brigand à vingt ans, mais toute sa vie est celle du plus moral et du plus conformiste des hommes : le pasteur laïque, bref le professeur; qui pis est, idéaliste. Dans ses livres, il est libre, il est hardi, il est tout ce qu'on voudra; mais on sent fort bien que toute cette force n'est que du papier. Ce héros de la liberté n'ose même pas saluer, une seule fois, dans ses lettres, la femme de Goethe, parce qu'ils ne sont pas unis par un lien légitime. Et tout le reste à l'avenant.

Goethe, si mesuré en politique, en opinion et en tout, est l'homme libre. Schiller est le philistin.

En Goethe, le courage de vivre est éclatant. Ses amours en sont la preuve, et toutes ses relations avec la famille. Il cède sur les mœurs et les apparences sociales; il ne cède rien sur le fond. A soixante-dix ans, il n'a pas honte d'avoir un grand amour pour une jeune fille de dix-neuf. Il n'a pas honte, entre Austerlitz et Iéna, d'aimer les Français, d'admirer Napoléon, et pour le moins de lui rendre justice. Ce qui ne l'empêche pas d'être profondément Allemand, de génie allemand, et filialement attaché aux grandeurs de l'Allemagne.

VI

Goethe a peut-être de l'orgueil; mais je ne lui vois pas de vanité. Si on le compare à Chateaubriand, il est sans vanité aucune, comme il est sans artifice. Sa simplicité est le miroir de son génie. Dans Chateaubriand, tout est concerté jusqu'à l'imposture. Goethe ne dispose les plis que de la draperie la plus simple.

VII

Faust est le témoin admirable de Goethe. Cette œuvre immense est sans aucune unité, si ce n'est l'âme de Goethe. C'est bien pourquoi elle dure autant que la vie de Goethe lui-même. Elle est sa confidence. Il l'écrit tout autant qu'il vit. Il y met tout ce qu'il éprouve de plus fort et tout ce qu'il pense de plus haut. La seconde partie finit par être la contradiction de la première. Lui, le grand païen, il s'y fait chrétien, par amour de l'art; il fait entrer Jésus et le sentiment catholique dans le panthéon de tous les dieux. Je veux bien d'ailleurs que ce soit la façon la plus cruelle de détruire une religion que d'en faire un moyen de l'œuvre d'art.

Reste cette loyauté si noble de Goethe envers lui-même. Une œuvre comme le *Faust* est la seule façon qu'un grand poète puisse admettre d'écrire ses *Mémoires*. Ici encore, Chateaubriand lui fait vis-à-vis. Les *Mémoires d'outre-tombe* sont la seule partie encore vivante et toujours admirable de Chateaubriand. Mais quel abîme entre l'homme de ces *Mémoires* et celui de *Faust!* Tout est affecté dans Chateaubriand, même la candeur, même l'affectation. Il n'est vrai que dans la vanité et la haine.

VIII

Goethe et Napoléon

Quand Napoléon dit à Goethe : «Vous êtes un homme, monsieur Goethe», on a un peu envie de rire : c'est un beau compliment à César, dans Shakespeare; mais César ne l'eût pas fait à Virgile ni même à Homère. Et l'essentiel, que Shakespeare n'oublie pas : César est un fils de dieux. Homme prend ici un sens extraordinaire.

Cette louange est le sublime de l'emphase dans la bonhomie. Il y a une simplicité aussi emphatique, il me semble, que la plus tonnante éloquence : l'emphase de la redingote grise et du petit chapeau. Le jour où il les laisse au vestiaire, il ceint du laurier son front chauve; il s'habille en auguste divin; et vêtu de la sorte, il s'installe au plus haut d'une colonne.

«Vous êtes un homme» : oui, sans doute. Et Goethe aurait pu répondre : «Vous en êtes un autre.» Après tout, les hommes n'étaient pas si rares en ce temps-là. Sans compter ceux qui étaient sous les armes. On est toujours un homme quand on lutte et qu'on se fait tuer. Les femmes restent à la maison.

Napoléon dit à Goethe : «Vous êtes un homme.» Goethe aurait aussi bien dû lui répondre : «Vous êtes un poète, sire.» Mais Napoléon n'eût pas été flatté. Il ne l'aurait pas bien pris.

Face à face, ils sont un peu les deux augures. Napoléon donne des rangs; Goethe se prête à la comédie, avec un contentement mêlé d'ennui et d'inquiétude. Il n'est pas bien aise de tout ce remue-ménage. L'ennemi est toujours l'ennemi; et même l'ami, quand, sans avoir été invité, il est chez vous chez soi. La ville occupée, le duc en fuite, la bonne paix réfugiée dans les caves, le pays conquis, toutes les habitudes compromises, on s'y résigne au besoin, mais sans joie. Goethe comprend la nécessité de la guerre, et la déteste. Voilà une opinion profonde et sage, loin de toute déclamation, aussi loin de Tolstoï et du mensonge que de Maistre et de Moltke. (J'appelle mensonge une vérité à bon marché.) En somme, la guerre est la typhoïde des nations : une grave maladie qu'il faut prévenir, si on peut; qu'il faut soigner ensuite; et l'on doit en guérir. La convalescence peut être fraîche et heureuse ; mais la fièvre est exécrable. Goethe comprend Napoléon bien mieux que l'Empereur ne comprend le poète. On sent que pour un peu il lui offrirait une clé de chambellan, et d'être baron ou duc à la cour, où il a fait Corneille prince. Ces honneurs-là, on les décerne toujours volontiers à des morts.

J'en ai peur : ce que Napoléon estime surtout en Goethe n'est pas ce que nous en admirons le plus, mais le bon sujet qui lui est utile. En France, les grands esprits ne sont pas dociles ni portés au respect. Vous êtes un homme, oui : de ceux qui ne donnent pas de souci au maître de l'État, même s'il n'est que de passage. Napoléon ne connaît de Goethe que sa réputation de grand poète, et *Werther,* lointain souvenir de jeunesse. D'ailleurs, Goethe est de vingt ans plus âgé que Napoléon. Voici le chef de guerre rassuré : le père de Werther, jeune homme des plus suspects dans un État bien réglé, est fort pacifique, le modèle des citoyens dans une ville conquise et l'ordre incarné.

Que doit-il penser, Napoléon, quand il l'appelle un homme ? Il voit aussitôt un soldat de plus sur ses rôles, mais un soldat d'élite. S'il était Français, et qu'il pût avoir, bien que poète, avec tant d'intelligence un si bon esprit d'ordre et de discipline, il n'eût pas fallu longtemps pour faire de ce soldat-là un excellent capitaine ou même un général. Étant ce qu'il est, Napoléon me paraît admirable de reconnaître avant tout dans

Goethe l'homme qui peut le servir, un chiffre de choix dans le total immense de son armée et de sa politique. Chacun doit juger de l'autre dans son ordre. Et Goethe admire sans doute dans Napoléon le monstre incomparable de la puissance, celui qui manie les cartes du destin, et dont le jeu prodigieux fait, défait et refait les empires. L'homme de la puissance a deux moyens, deux atouts maîtres : la force et l'ordre, l'un étant, tour à tour, cause ou effet de l'autre.

Napoléon semble deviner le sage qui doit écrire un jour : «Je préfère l'injustice au désordre»; et qui a dit : «Est pernicieux tout ce qui affranchit l'homme sans lui donner la maîtrise de lui-même, pour autant.» L'empire que Goethe a sur lui-même ne laisse rien à craindre à l'Empereur. Il est ravi de trouver un homme dans un poète. Même dans Madame de Staël, il n'avait pas eu ce plaisir-là.

César est dupe, comme le sera plus tard le peuple allemand, à qui les énergumènes persuaderont, après Waterloo, de reprocher à Goethe une espèce de trahison. Napoléon ne sait pas du tout ce qui se passe dans cette grande tête d'homme, tandis que le poète s'incline et fait poliment sa révérence à la force : rendez à César ce qui n'est pas à Dieu. Quand César triomphe, c'est toujours le destin. Mais un grand esprit qui crée et qui pense, c'est l'homme de Dieu. Le calme de Goethe devant Napoléon n'est pas un consentement, mais une absence. Goethe n'est pas où Napoléon croit le voir. Sa place est infiniment loin. Il s'est retiré dans sa sphère, qui n'a rien de commun avec ces vaines agitations et les fastes éphémères de la puissance.

Et d'ailleurs nul n'a mieux jugé Napoléon que notre Goethe, ni avec plus de mesure ni avec plus de sympathie. Pour Goethe, Napoléon est le plus haut des points de repère dans le monde de l'action. Napoléon, à Sainte-Hélène, ne dit jamais un mot de Goethe. A Weimar, il n'est mois ni semaine où Goethe ne parle de Napoléon.

IX

Européen, donc

Le communiste est un essai à l'Européen, sous le signe du nombre et de la matière. Il n'est pas plus un Européen que le chrétien des premiers siècles, dans les catacombes. D'ailleurs, c'est le même homme. Les catacombes ne sont plus dans le sous-sol de Rome. Ces termitières de la cité future vont en tunnels de Glasgow à Canton et de Séville à Tokyo. La foi mène les religions, et celle de Lénine comme celle de Jésus-Christ.

X

La foi tend à l'uniforme; elle l'exige; elle hait la diversité sous le nom d'hérésie; elle se fonde sur l'égalité générale et sur le nombre.

XI

Goethe ne connaît que l'individu; il en a la passion; en lui, l'individu blessé semble indifférent à la nation et à la race. Il est trop sage et trop artiste pour faire fi de la qualité et des puissances inégales. «Que chacun balaie devant sa porte et la rue sera propre.» La véritable Europe est un accord et non l'unisson. Goethe tient pour toutes les variétés et toutes les différences : l'esprit qui interprète la nature ne peut pas se donner une autre règle ni un autre jugement. Il n'est d'Europe que dans une harmonie assez riche pour contenir et résoudre les dissonances. Mais l'accord d'un seul son, fût-ce à des octaves en nombre infini, n'a aucun sens harmonique. Pour faire une Europe, il faut une France, une Allemagne, une Angleterre, une Espagne, une Irlande, une Suisse, une Italie et le reste. Il faudra même une Asie, deux Amériques, une Afrique, des Noirs, des Rouges et des Jaunes pour faire, un jour, un monde. Voulez-vous un genre humain ou une termitière à fourmis humaines? Les temps sont venus de choisir. Car nous avons le choix, et cette liberté est le propre de l'homme. Goethe a choisi.

XII

Ce magnifique Goethe ne veut rien détruire et veut tout accorder. Voilà bien le sens de son ordre. A cette échelle, l'ordre est la suprême justice. L'ordre est la figure de l'art en politique. Goethe dit : «La critique est aisée et l'art est difficile.» Les esprits sans portée ne sont pas capables de transposer ce précepte du plan du livre au plan de la société. Si l'Europe est un grand corps vivant, dont les nations sont les divers membres, le crime est égal contre les membres et contre le corps, qu'on méconnaisse le corps ou qu'on ampute les membres. Le crime ou la sottise. L'Europe est conçue : tout l'atteste. Peut-être même est-elle née. Trente ans après Valmy, Goethe affirme l'avoir vu naître, le soir de cette bataille, la plus glorieuse et la moins sanglante qui fut jamais. L'Europe est devant nous; mais elle est malade. Cette terrible fièvre à convulsions est sans doute l'âge de la puberté. Il faut la soigner. A tout prendre, mieux vaut l'Europe malade que l'Europe morte. La volonté de vivre écarte la mort. Les prophètes de malheur ont une grosse voix et l'âme médiocre. Goethe est un admirable médecin : il n'est pas optimiste parce qu'il est aveugle, mais parce qu'il est toujours prêt à donner de sa force et des soins au patient. Et jamais il ne le condamne.

XIII

L'Europe de Montaigne est la pensée d'un seul homme. Il y a une Europe dans les *Essais,* parce qu'il y a un Européen qui est Montaigne. Mais il est seul. Dans Goethe, l'Europe est une mère aux fils innombrables; par la voix du poète, elle les invite à se reconnaître. Goethe leur ouvre les yeux : qu'ils consentent enfin à prendre conscience les uns des autres; qu'ils aient honte de se calomnier et de se haïr. Goethe, puissant Allemand, n'entend pas que l'Europe soit allemande, ni que la France ou la Chine le devienne. Pour que l'Europe soit vraiment elle-même, il faut que l'Allemagne soit le plus allemande et la France le plus française que faire se pourra : moins le mal, ici et là, moins le mépris, la violence et la haine. L'homme n'est l'homme que si on tue la bête en lui, ou du moins qu'on l'y musèle. La variété est la loi, le charme et l'honneur de l'art, la joie et la liberté de la nature. Car, si sage et si fort par la raison, tout amant de la nature qu'il soit, Goethe entend toujours dompter ses réminiscences brutales dans l'homme.

XIV

Potentiel

Goethe est simple; mais en un grand nombre de sens, et parfois opposés. Il est donc un complexe de simplicités. Il y a bien des hommes dans Goethe, et un poète qui a toujours le dernier mot : comme il a eu le premier, on ne prend plus garde au grand bourgeois. Cet habit un peu lourd et démodé sans doute n'empêche pas de voir les belles proportions et les muscles de l'athlète. Les puissances de Goethe pour créer et pour comprendre me touchent bien plus que ses faiblesses. Il s'applique d'abord à être, et son chef-d'œuvre, c'est lui. En tout temps, en toute occasion, il rassemble ses forces pour vivre plus grandement et pour être lui-même avec plus de plénitude. Il n'est pas l'ennemi de ses instincts : il peut en jouir et il les sait nécessaires; mais il les bride. Goethe est incomparable pour se rendre maître de lui-même. Il conjure tous ses éléments au concert, et il les y force : ils sont loin d'être toujours dociles et de concourir à une harmonie. Il a ses violences, ses rages et ses révoltes secrètes, ses amertumes. Il n'est pas sans jalousie. Blessé, il n'oublie pas. Il se tait, et le silence lui coûte. Rien ne lui serait plus facile que de prendre la tête de son siècle, en flattant les opinions du temps et les excès populaires : il ne le daigne pas. La vieillesse lui a conféré le haut rang, qui lui fut disputé plus longtemps qu'on ne croit. Quand il est devenu l'idole de l'Allemagne, il ne l'a pas été de tous les Allemands.

XV

Certes, il aimait beaucoup la gloire ; mais à l'antique, pour être plus que pour paraître. Pour régner de son vivant, et se survivre. Et la première condition est d'avoir vécu fidèle à sa propre vérité, sans se rendre indigne de soi. Plus je voudrais être aimé et vraiment essentiel à ceux qui aiment, moins je peux me trahir pour leur plaire.

XVI

Il écrit pour accomplir sa vie, et il vit chaque jour davantage pour faire les plus beaux livres. Il n'est pas de métier. Sans cesse, il se conquiert dans ses œuvres. A ce trait, je reconnais le poète qui n'est pas un auteur.

XVII

J'admire combien Goethe, si étendu en tous sens, si prompt à tous les voyages de l'esprit, vit retiré et sédentaire. A peine s'il quitte Weimar pour aller aux eaux. On n'a jamais pu le décider à faire le voyage de Paris, ni celui même de Berlin ou de Vienne. Il n'a même pas été à Munich. Lui qui voit tout le monde, parce qu'à la fin tout le monde vient le voir, on le sent toujours solitaire : il l'est dans la société comme dans sa famille. Le plus souvent, il dîne seul dans sa chambre : c'est même à ces repas privés qu'il invite ses amis de passage. Il écrit beaucoup; il a toujours le crayon ou la plume à la main; sa correspondance est immense, mais avec peu de gens. A la société des amis présents, il préfère l'amitié lointaine des absents de son choix. Il prend tout ce qu'il peut de ceux qu'il rencontre; et quand il les a épuisés, il s'en lasse assez vite. Il n'a que faire d'un homme, en reconnût-il le mérite, s'il n'en peut rien tirer pour son propre accroissement.

XVIII

Plus d'une fois, il a dû se battre contre les spectres du dégoût et les noires larves de la négation. Il n'a certes pas connu la misère ni même la gêne; il a mené pourtant un train modeste, qui paraîtrait presque pauvre aujourd'hui. Ses jours sembleraient sans éclat, et ses nuits sans plaisirs, aux moindres auteurs à la mode; et leurs femmes en riraient avec mépris.

Dans la maison de Weimar, ni luxe ni beauté; peu de meubles ou d'objets qui méritent l'attention. Pas un tableau, pas un marbre ou un bronze pour tenter l'antiquaire. En dépit de son prince, Goethe a souffert de la petite ville et des mœurs sévères par l'hypocrisie des petites gens. Parce qu'il avait une femme sans être marié, Goethe, tout chambellan qu'il fût, a longtemps vécu à l'écart. Son ami Schiller lui-même peut lui écrire cinq cents fois, sans lui jamais envoyer un mot pour sa compagne. En 1800, Weimar est à deux siècles et cinq mille lieues de Paris. Je ne m'étonne pas de cet air un peu gourmé, et peut-être timide, qu'on voit souvent à Goethe. Ses amours faciles ne lui ont pas donné beaucoup de mal; mais on ne sache pas que ses amours plus relevées aient été si heureuses. Comme Stendhal, Goethe pourrait dire que de toutes les femmes, celles qu'il n'a pas eues sont justement celles qu'il a le plus aimées. Jeune homme, en compagnie du grand-duc, il s'amuse dans les champs avec les paysannes. Mme de Stein, plus âgée que lui, sa plus noble relation et la plus longue, n'a pas été sa maîtresse, je le sais. Comment croire qu'un poète de vingt-six ans ait été l'amant d'une femme de trente-quatre, qui a eu sept enfants avant de le connaître? Goethe doit beaucoup à cette femme peu ordinaire : elle l'a introduit à une façon supérieure de sentir et d'aimer. Leur commerce fut surtout d'esprit et de sentiment.

En somme, Goethe n'a sans doute pas à se

plaindre de son destin; mais il n'a pas outre mesure à s'en louer. Il s'est rendu supérieur à la plupart des circonstances. Son bonheur est pour moitié son œuvre propre, et celle de la fortune pour l'autre moitié. Avec autant de sage orgueil que d'aveugle égoïsme, Goethe a toujours soutenu que l'homme est l'artisan de son sort, et qu'il doit chercher en lui-même les raisons de sa félicité ou les causes de sa misère. Cette manière de juger irrite notre vaine ardeur pour la justice; mais elle n'est pas sans s'imposer à notre esprit. D'ailleurs, une prévention si avare, qui ôte même aux vaincus la ressource de se plaindre, est naturelle à ceux qui ont triomphé dans le siècle, et qui n'ont pas mesuré les rigueurs du hasard à la grandeur de leur défaite.

XIX

Né poète, Goethe se sert de la poésie et ne s'y est pas asservi. Il en use avec elle comme avec une maîtresse merveilleuse, aimée pour soi plus que pour elle, et pourtant trop éprise. Elle est toujours là pour le consoler, pour embellir ses heures, pour le nourrir, lui rendre le courage et la lumière. Lui, se contente de la chérir, de l'appeler quand il la désire, et de la parer. Pour Goethe, la poésie est la Grande Auxiliatrice; elle délivre l'homme des maux que la seule volonté ne peut réduire, et des misères où la fatalité a mis la main : les injures du temps, la trahison, toutes les douleurs que la passion entraîne , et celles que les relations humaines font naître sous nos pas. S'il n'était poète, l'homme n'aurait aucun recours contre les ravages de l'amour, de l'ambition, de la vieillesse, toutes ces causes fatales de la chute; et l'on ne se perd pas moins si l'on y résiste qu'en y cédant.

La poésie est la déesse du Grand Secours; mais elle ne vient qu'après la vie, dans l'ordre des puissances. Avec tout ce qu'elle a de cruel, d'imparfait, d'absurde même, la vie est une déesse plus grande et plus souveraine que la poésie même.

XX

Vers la fin du dix-huitième siècle, et même à présent, l'Europe est un peu provinciale, eu égard à l'esprit de Paris. Les meilleurs services d'hygiène, les téléphones les plus prompts, une voirie exemplaire, et les plus sages troupeaux de foule ne suffisent pas à faire une capitale. Ce que notre Goethe tient de l'ancien monde et d'une vie simple lui donne beaucoup de force originale, et n'est pourtant pas sans borner son goût, ou même, çà et là, son intelligence. Il se croit tenu à plus de raideur morale dans ses écrits que dans sa conduite. C'est le contraire à Paris ou dans Athènes : du moins, l'homme vraiment

libre y est également moral, ou aussi peu, dans
ses actes et dans ses livres. La morale imprimée
garde un puissant prestige sur le poète de Weimar.

Goethe fait sourire quand il s'indigne de
Manon Lescaut, et qu'il la laisse, dit-il, pour respirer l'air plus pur du *Vicaire de Wakefield.* L'artiste abdique, ici; une espèce d'assez étrange
docteur se substitue au poète qui s'efface. Il y a
de ce Purgon moral aussi dans Beethoven, lors-
qu'il reproche avec courroux à Mozart d'avoir
mis en musique ce débauché de Don Juan.
Goethe, un si grand esprit, a-t-il vraiment besoin
de se laver de *Manon?* Peut-il méconnaître ce
charmant chef-d'œuvre? Est-il de bonne foi,
quand il va prendre un bain dans les eaux niaises
et croupies du *Vicaire?* Hélas, il est sincère. Le
prêche n'est pas mort, qui empêche d'entendre
les déesses. *Manon Lescaut* est le *Daphnis et Chloé*
de l'ère moderne, et Goethe ne le sent pas.

L'innocence d'un livre est sa beauté. Sur un
autre côté de l'échelle, la grandeur de la pensée
fait sa vertu. La bassesse et la médiocrité d'esprit, voilà le péché, et même le crime de
l'homme.

XXI

La morale est pour les autres et la loi du
commun. Il est bon qu'elle règne dans les lois,

les journaux et les livres : elle est publique. Les hommes forts ont d'autres règles, et à bon droit, car ils sont capables de s'en donner; et ils ne seraient pas ce qu'ils sont, s'ils ne devaient les suivre. Il est cynique de l'avouer, et il y a une apparence d'hypocrisie à ne pas le dire.

XXII

Ce nom admirable de Goethe, où il y a du Goth et des dieux et, qui sait, par un prodige étrange, le signe qui affirme le dieu des Goths. Souvent, par le son et la forme, comme par le sens, le nom des plus grands hommes parle fortement à l'esprit : tantôt, il est des plus rares, comme Shakespeare ou Balzac, Goethe ou Baudelaire; tantôt, des plus communs, tels Wagner, Tolstoï ou Bach. Visible ou caché, les noms ont un prestige; il entre une incantation dans leur sonorité.

XXIII

Tout épris de science qu'il soit et avide de connaître, Goethe est fort loin des maximes où les docteurs étalent, avec tant de complaisance, une éternelle prétention. Ainsi, quand ils affirment que plus on comprend, plus on aime; ou bien : comprendre, c'est aimer. Et là-dessus, ils se moquent des autres docteurs, les séraphiques ceux-là, pour qui aimer c'est comprendre. Il y manque les maîtres à penser de Molière, qui chercheraient si, d'aventure, «c'est comprendre aimer»; ou : «ce aimer comprendre est»; ou : «est comprendre aimer ce».

A la vérité, Goethe, dans les hymnes et la conclusion céleste du second *Faust,* donne beaucoup plus à l'amour dans la connaissance, qu'il n'a fait ailleurs la part belle à l'intelligence dans l'amour. Il est trop vivant pour penser le contraire. Il n'est pas vrai, plus on connaît un crime, la laideur ou un assassin, qu'on l'aime davantage. Il est moins faux qu'à force d'aimer, on comprenne mieux ce qu'on aime. Mais, au fond, il faut comprendre pour aimer pleinement, et il faut aimer pour entrer pleinement dans l'objet : car on n'y entre tout à fait qu'en s'oubliant soi-même, en se laissant à la porte. Et se laisser, c'est l'amour même.

XXIV

Tout est lent, uni, majestueux dans Goethe. Sa bonhomie même est solennelle. Jusque dans le ton familier, de la boutique, son tutoiement a le son grave du théâtre. Il met parfois une certaine pompe à cheminer terre à terre. Tant ils ont de dignité et de conscience, ses héros ont

toujours l'air de faire un peu leçon d'eux-
mêmes; ses amoureuses ont l'exaltation calme et
continue des femmes qui se savent les prêtresses
de l'amour et de leur sexe. Ses fous sont assez
raisonnables; et ses damnés ne croient pas à
l'enfer. Il est épique même dans l'anecdote. Son
dialogue est un peu lourd. Ses saillies spirituelles
viennent de loin et ne sont pas légères : elles
remontent l'escalier, et parfois en se tenant à la
rampe.

Il va d'un cours large, égal, et sans violence.
Son théâtre est une fresque, séparée en scènes
où nul ne se hâte, et qui s'éclairent toutes de
face. L'action même y est étale. Et chaque héros
y explique chacun de ses gestes. Les héros de
Goethe sont leurs propres confidents. Le drame
se raconte à mesure qu'il se déroule. Goethe est
essentiellement horizontal, autant que Shakespeare est dans le sens de la verticale.

Goethe a toujours le temps : n'est-ce pas un
de ses plus rares mérites, et qui risque bientôt de
n'être plus compris? Toutefois, comme il a le
temps, la durée est pour lui. Ce caractère est
sensible dans ses chefs-d'œuvre qui, selon mon
goût, après *Faust,* sont *Tasse, Iphigénie* et les
Affinités électives.

Iphigénie est la grande tragédie latine, que
les Romains n'ont pas eue et ne furent jamais
capables d'écrire. Il faut être un coureur de
lieux communs, à la suite de Chateaubriand,
pour y admirer une œuvre grecque. Dans l'*Iphigénie* de Goethe, on peut saisir justement tout ce

qui n'est pas grec dans l'antique. C'est la sœur de la Junon Ludovisi, qui faisait la plus vive admiration de Goethe, et dont il avait rapporté le plâtre de Rome. Mariée, elle a été la mère des Gracques.

XXV

Goethe n'est rapide que dans ses lieds. Aussi n'a-t-il rien fait de plus beau, qui soit moins concerté, moins docte et coulant mieux de source. Même dans le *Faust,* les lieds sont plus admirables que le reste : le génie et la culture s'y épousent et s'y égalent, amoureusement. Ils sont toute la beauté de *Wilhelm Meister,* ou peu s'en faut. La passion y parle sans détour à l'esprit. La pensée s'y fait sensible au cœur. Cette poésie est la poésie éternelle : la pensée a trouvé sa musique.

Si la pensée manque, la musique est de trop, ou en défaut; et si la musique n'y est pas, la pensée ne peut suffire : la poésie est absente.

Quoi? six ou sept petits vers, de préférence à des œuvres immenses? – Oui, sans doute. Comme on s'étonnait qu'un très grand peintre fît une admirable figure en quelques traits, il murmura : «Il n'y a pas dans ce dessin les cinq minutes que j'ai mis à le faire, mais les cinquante ans que je dessine.»

XXVI

Égoïsme. Peut-être y a-t-il un moment où il faut choisir d'être généreux pour soi-même et pour l'œuvre qu'on doit faire en ce monde, plutôt que d'être généreux pour autrui, et toujours à ses dépens. La générosité qu'on a pour soi est le contraire, je le sais, de la générosité même. Presque toujours l'âme généreuse est celle qui se prodigue au profit des autres, et qui pense à leur avantage, avant de donner une seule pensée au sien. A tout festin, en toute table, elle se sert la dernière, et même ne retient le plat que s'il n'y a plus rien. Un grand homme qui a la vocation d'une grande œuvre n'est pas un convive ordinaire : la vocation est une charge. On ne peut pas lui demander de nourrir ses voisins, et de mourir de faim sur son assiette vide; mais elle sera comprise de ceux qui jugent les durs sacrifices que la grande âme exige, comme le plus vulgaire des appétits égoïstes.

Heureux en apparence, puissant, maître de l'opinion, riche en renommée comme en toute sorte de biens, Goethe aurait dû ouvrir les bras à Beethoven, tourmenté et malade, à Kleist, grand talent inconnu et voué au suicide par sa nature et un malheur également désespérés. Il ferme sa porte au jeune poète et tourne le dos au musicien. Quand il ne veut rien faire ni rien dire, Goethe a le don du silence. Il ne souffre pas de refuser une réponse qu'on attend de lui avec

passion. Un homme ordinaire serait sans excuse;
Goethe en a une : il se défend.
Une grande nature se connaît aussi à ses
fautes et à ses péchés. Toute force a son ombre
de faiblesses. Non seulement le péché est d'un
intérêt suprême, qui passe en séduction la
médiocre vertu : il est nécessaire. La théologie
elle-même doit en convenir. Le plus aimable des
prêtres, et du cœur le plus fin, me disait un soir :
«Sans le péché, Dieu n'aurait que deux per-
sonnes; et le Fils nous manquerait».

XXVII

La plus haute vertu de Goethe est un
héroïsme de la culture. Il veut tout porter sur le
plan de l'esprit, tout ce qu'il a reçu de la nature,
et qu'elle lui a prodigué en puissances élémentaires. Il ne veut rien détruire en lui, mais il y
veut tout élever.

XXVIII

Époque

Vers 1810, Goethe, Laplace et Goya ont
déjà plus de soixante ans; Napoléon, Chateaubriand et Beethoven, les deux Humboldt, Cole-
ridge et Wordsworth, un peu plus de qua-

rante; cinquante-cinq, Talleyrand et William
Blake; Lagrange, Volta et Lamarck vont sur les
soixante-dix; Stendhal, Byron touchent à la
trentaine; Ampère, Gauss et Turner ont trente-
cinq ans; Shelley, Keats et Champollion vont
avoir vingt ans; Schiller et Kant viennent de
mourir, et Bichat qui en avait à peine trente :
peu d'époques où tant de grands esprits aient
vécu ensemble, où ils ont pu se connaître et faire
échange de pensées. Goethe domine sur ce
chœur altier.

Quand on se demande quels sont les neuf
ou dix livres qu'à défaut de tous les autres on
choisirait d'emporter avec soi dans une île
déserte, retranchée de tout le reste du monde,
pour ma part, les *Entretiens de Goethe* seraient un
de mes choix. Oté le style, le charme de l'art et
la beauté de la forme, les *Entretiens de Goethe*
sont le Montaigne des Allemands : mais, dans
Montaigne, tout passe au crible du moi; et tout
est objet dans Goethe. Je trouve un délice et une
joie à vivre dans la pensée quotidienne d'un
grand esprit qui, même dans l'extrême vieillesse,
ne se lasse jamais de comprendre, qui veut toujours apprendre et toujours apprend, qui est
tout au fait, qui ne refuse jamais l'idée et la
soumet à l'expérience : toute notion l'attire,
toute science le retient. Jamais érudit, il ne veut
pas savoir pour savoir, mais pour connaître.
Telle est la jeunesse immortellle, plus admirable
dans le vieillard qu'à l'entrée de la carrière. Il
passe avec souplesse et simplicité d'une étude à

une autre, presque toujours libre et toujours
avec la même foi dans les destins de l'esprit. Les
Entretiens de Goethe ne sont pas une grande
œuvre, mais un grand spectacle.

Et il est beau d'avoir un Eckermann qui ne
soit pas un traître, fût-ce à la solde non vénale de
Schiller ou de Beethoven. Car, à présent, si un
demi-quart d'Eckermann était possible, il ne
prendrait les conversations de Goethe que pour
publier celles de Schiller et abîmer Goethe dans
le silence ou la calomnie.

Je ne sais lequel est le moins possible,
aujourd'hui, d'Eckermann ou de Goethe. Il
semble qu'une pensée universelle et libre de
toute église soit l'objet le plus rare du monde;
mais plus rare encore, un confident plein
d'amour et de probité candide. L'amour même
est partisan, dans une société de termites où tout
n'est que partis. L'admiration chez les fourmis
est serve à l'égal de la haine. Que faire de valets
qui, pour se défaire de Spinoza, le traitent de
«sale juif»? et pour en finir avec Wagner, l'appellent l'«Arlequin d'Allemagne»?

XXIX

Wage es, glücklich zu sein

«Ose être heureux», dit Goethe. Et plus
tard, peu de temps avant de mourir, il a pu dire
qu'il n'a pas eu plus de trois semaines de vrai

bonheur en toute sa vie. Mais quoi, comme le but de la vie est la vie même, le bonheur même est de vivre. Aussi ai-je eu l'audace de substituer «Ose vivre» à «Ose être heureux».

Goethe en veut durement à ceux qui troublent cette règle, ou qui l'en font douter, ou qui dérangent l'ordre qu'il a mis dans sa vie pour l'accomplir. A soixante-dix ans, quand il aime une jeune fille de dix-neuf, il est profondément blessé de perdre cette partie suprême. Il l'eût gagnée, sans les parents, sans le monde, sans tous ces témoins hargneux de la bienséance et des usages. Mlle de Levetzow eût-elle fait une folie, Goethe ne l'eût pas faite : il aurait bu une dernière ivresse aux sources les plus chaudes de la poésie. Ha! le poète a tant besoin de jeunesse, il en garde tant pour son tourment, même au filet des rides, même sous la neige des cheveux blancs. La vie du vrai poète est une vie d'amour, ou secrète ou visible; il n'est jamais époux, il est toujours amant. Et malheur à lui, s'il se force à ne pas l'être.

XXX

Pour la même raison, Goethe rompt brusquement avec Beethoven, et avec Bettine. Beethoven ne peut être son ami : il remet tout en question; il ne se plie à rien qu'à ses propres violences; et il faudrait se plier à ses éruptions sentimentales, car il fait le volcan plutôt qu'il ne l'est; trois fois sur quatre, il se plaît à le faire. Or, Goethe est son aîné en tout de vingt ans. Beethoven porte dans le train quotidien de la vie une rhétorique insupportable : il est par trop plébéien. Il ne doute jamais de rien, ne doutant pas de son excellence. Il se fait un droit de sa brutalité, sous le nom de franchise. Il se ferait une vertu de sa grossièreté, s'il y était sensible. S'il crie, il faut hurler; il faut gémir s'il pleure. Il est naturellement dans l'excès; et plus il vit solitaire, plus son œuvre l'étale.

Mlle de Levetzow n'est pas Bettine. Goethe a mis tout d'un coup le fossé entre Bettine et lui, dès qu'il a saisi l'amour-propre immodéré qui est trop visible sous l'amour et l'exaltation de cette jeune fille. Il s'en sépare, parce qu'elle prétend trop sur lui. Bettine est dangereuse dans son intempérance de Muse romantique. Elle est trop semblable aux jeunes Allemandes du temps présent : celles-là, si réalistes en tout, si directes aux sens qu'elles puissent être, font à l'homme, si grand soit-il, une guerre sans merci. Elles veulent le conquérir et ne veulent pas être conquises. Elles entendent l'asservir et ne pas être asservies.

Goethe est un homme de l'ancien temps, dans le train des mœurs démocratiques. Goethe veut être servi. On le lui reproche, tant on a peu le sens de la grandeur et des rangs. Une Bettine est à fouetter qui se jette sur les genoux de Goethe, qui lui passe les bras autour du cou, qui lui fait respirer la fleur de ses vingt ans, et qui refuse d'être cueillie sans conditions. Qu'elle ne soit pas tentée par l'homme qui pourrait être son grand-père, soit. Mais de quel droit le tente-t-elle? Pourquoi vient-elle troubler le vieux grand homme et lui fait-elle perdre son temps? Qu'elle reste chez elle, entre son vertueux père et sa sainte mère; ou du moins qu'elle se tienne sur sa chaise à bonne distance. Quand elle se colle à Goethe, qu'elle fait la chatte sur son ventre, les bras nus, la gorge nue, en robe légère, elle est à prendre. Et le vieux Goethe est bien honnête homme de ne l'avoir pas prise. Mais plutôt, il est amoureux; et tout chargé d'ans et de génie soit-il, ce corps ne s'offre pas assez, si le reste se refuse; cette vie se refuse, si le corps se marchande et calcule le marché.

Qu'elle donne tout, cette Bettine, elle n'a rien de mieux à faire dans la vie, que de la perdre ainsi. Ou qu'elle s'en aille. Si Goethe la veut, c'est qu'elle a tout fait pour qu'il la voulût. Son œuvre n'est pas achevée. Il a mieux à faire dans la vie que d'écrire ses livres, désormais, sous la dictée de cette Égérie, ou de corriger et de nourrir ceux qu'elle brûle d'écrire.

XXXI

Poète

La grandeur de la poésie, dans Goethe, est
du même ordre. Entre tous les grands Allemands, avec
Heine, Goethe est le moins professeur. Il est en
poésie comme il est en amour : la même loi le
régit dans l'une et l'autre action.
La force intacte de la vie et la puissance de
la culture s'y accordent et s'y confondent. Il faut
toute la culture de son peuple et des siècles pour
produire un de ces petits lieds, où le sentiment
touche à la perfection. Mais il faut qu'elle s'oublie, tandis qu'elle est en train de le produire.
A prendre une comparaison trop matérielle
pour n'être pas un peu grossière, tous les soins
des vignerons pendant deux mille ans, le choix
des ceps, le travail du vinage, l'aménagement de
la terre, toutes les formes de la culture sont
nécessaires pour donner à ce verre de Romanée
le rubis, le feux doux, le corps, la violette qui
mettent une telle coulée de soleil liquide si fort
au-dessus d'un vin ordinaire, qu'on ne les dirait
pas également un jus de raisins, issus l'un et
l'autre d'une vigne. Mais quoi? il en est ainsi,
pourtant : «Un fruit miraculeux n'est pas moins
fruit qu'un autre.»

Par là, Goethe est l'exemple et le modèle de
tout grand poète dans le temps à venir, s'il peut

y en avoir encore. Désormais, la culture est insé-
parable de la poésie.

Baudelaire lui-même n'accorde pas si pleinement la pensée et l'instinct. Ce n'est pas que la
culture de Baudelaire soit trop étendue : au
contraire, elle n'est pas assez profonde. Quand il
chante, il n'a pas tant à oublier. Son chant est
parfois sublime ; mais il est plus conscient, étant
plus borné. Il va plus loin dans un sens, mais un
sens seulement. Les autres lui manquent. La
pensée de Goethe et sa culture sont bien plus
étendues. La religion ne vaut pas, pour l'espace
qu'elle couvre, la communion avec l'immense
nature. De là, que Baudelaire s'est porté vers
l'artifice ; sa gloire est de toujours l'excéder. En
lui, la mystique a corrigé les torts d'une foi,
d'ailleurs presque en tout hérétique. La doctrine
de l'artifice est une espèce de la théologie :
presque partout, le génie de Baudelaire y est
infidèle. Et le bonheur de Baudelaire, en poésie,
est d'être un peu damné.

Goethe chante, comme s'il ignorait toutes
les ressources de l'art et tous les contrepoints de
la pensée. Il a plus que personne la vertu d'ou-
bli, qui est au fond du véritable poète et, sans
doute, de toute création artistique.

Quel beau miracle : le vrai poète oublie en
créant la culture qui le nourrit et le porte à
créer. Son potentiel de vie lui permet cette
action contradictoire : il laisse aller son instinct,
il se donne à son émotion ; et sans le savoir, sans
le vouloir, la culture profonde enveloppe l'ins-

tinct libéré; et si cachée qu'elle soit, ou si muette, elle le guide. Ce prodige si rare est le miracle de Goethe.

XXXII

Avec tout ce qu'il tient de la plus vieille Germanie, ce n'est pas lui qui nourrit, dans son cœur, ces troupeaux d'oies, d'hyènes et de mouches venimeuses qu'on appelle les préjugés de la race. Il ne cherche pas à se donner la figure et les façons d'un reître entrelardé de fer, ni d'un gros bourgeois bardé de traites, ni même d'un savantissime docteur.

Goethe a les yeux noirs, et ne se vante pas de les avoir bleus. Il n'avoue pas la honte des noirs cheveux et du teint brun. On ne l'a pas vu rougir de ne pas être blond ni rose. Père de Werther, il se flatte d'avoir bonne mine, la figure pleine et toutes les allures de la santé. Ne pourrait-il pas jouer au héros allemand, s'il voulait, lui qui parle et pense en allemand mieux qu'aucun autre? Sa seule prétention est d'être humain et général le plus possible. Les seules frontières lui sont maudites, qui voudraient le séparer de l'art et de la science, des plus belles œuvres et des plus vastes esprits. Il entend ne rester étranger à rien de ce qui vaut la peine qu'on l'admire. En tout temps, même quand il se dissipe, il vit pour savoir et pour connaître. Enfin, il est grand serviteur de l'esprit, parce qu'il ne cesse jamais d'être grand soldat de la vie.

Pour la première fois, sans doute, avec toute la force de l'Allemagne, un Allemand pense et rêve à la française : car c'est en France, d'abord, que les grands esprits ont senti la nécessité de ne pas séparer l'homme, quel qu'il soit, de tout le genre humain. Voilà ce qui distingue infiniment un Montaigne, un Descartes, un Pascal, un Rousseau, un Stendhal et un Voltaire des meilleurs écrivains dans les autres pays. Déjà, ce génie est très sensible au Moyen Âge : c'est dans la chrétienté que la France est la couronne très chrétienne.

XXXIII

Païen de l'ordre à venir

De l'idée chrétienne, Goethe ne retient que le salut. L'amour l'assure.

Que la femme aime l'homme : par amour, qu'elle fasse tout pour lui. Que l'homme aime la vie, et qu'il soit prêt à tout, par amour pour elle. Cet équilibre est juste.

L'amour de Marguerite sauve Faust. Mais Faust mérite d'être sauvé pour son amour de la vie. Il n'a pas d'autre droit au salut.

Toujours Faust affirme. Il n'est pas d'affir-

mation plus pleine et plus dense que l'amour :
elle porte toute la vie et la renouvelle.
En ce sens, aimer le cède à être aimé, peut-
être. De là, que la femme est la grande média-
trice. Je ne suis pas sûr que pour Goethe, la
Vierge des Sept Douleurs ne soit pas une simple
image de Marguerite. La reine des cieux est
Marguerite délivrée de la mort et des remords,
que nourrit la commune douleur.
Mort et douleur, il n'y a pas d'autre péché
ni d'autre crime : on charge cette double besace
en naissant. La vertu est de s'en libérer.

Dans l'ordre chrétien, Goethe déteste le
spectacle de l'humiliation et du supplice, l'éta-
lage de la souffrance, la vanité d'une faiblesse
même héroïque, et la croix qui en est le symbole.
Les bras de misère qui enferment tout l'espace
menacent tous les horizons de la pensée. Goethe
a l'horreur et le mépris de ce gibet qui attache
même le ciel et le soleil au supplice des plus vils
esclaves. Un païen de la noble espèce ne peut pas
sentir autrement.
C'est en quoi il a l'air de nier que Jésus ait
jamais existé. Les dieux sont en nous. Ils sont ce
que nous sommes et nous les faisons à notre
image. Le dieu de Goethe ne peut pas être un
malheureux qui meurt entre deux bandits, cloué
sur une croix d'esclave. Prométhée, à la bonne
heure. Prométhée, lui, est immortel. Lié sur la
plus haute cime, signe suprême par-dessus les
montagnes, il souffre moins qu'il ne menace. Il

est sûr de vaincre; il verra la fin des dieux ennemis. Son seul tort est son génie : il est venu trop
tôt.

Enfin, pour Goethe, il y a bien des dieux. La
plus belle ambition de l'homme est de les faire
naître et de les embellir.

L'inexpiable péché de Méphistophélès est
de les nier, de les avilir, de chercher à les
détruire. Par là, tout l'esprit de Méphistophélès
ne sert à rien. Car il est aussi intelligent, sinon
plus, que Faust lui-même. Mais il ne croit pas à
ce qu'il pense ni à ce qu'il fait. Sa révolte contre
Dieu est une révolte contre la vie. Il est glacé.
Bref, il n'aime pas.

Goethe est le contraire de l'athée.

Le but de la vie est la vie même.

XXXIV

Goethe est trop riche pour livrer son secret
d'une fois. Une puissante nature est faite de ces
sphères concentriques, à la façon des boîtes
chinoises : il y en a vingt ou cent dans une. Actif
à sa manière, Goethe n'a rien de l'homme qui
s'agite en tous sens, commme aujourd'hui, pour
se convaincre lui-même qu'il est dans l'action.
A-t-on remarqué combien Goethe est sédentaire? Toute sa longue vie tourne en rond dans
un cercle de quelques lieues, entre Francfort,
Iéna et Weimar. Il va parfois, l'été, aux eaux de

Bohême. Il a fait campagne jusqu'à Valmy, dans
l'armée de Brunswick, et semble éperdu d'avoir
quitté sa vie sage et paisible pour cette équipée
de trois semaines. Sa seule absence un peu
longue est son voyage en Italie; la découverte
qu'il y fit de l'antique est l'origine d'une vie
nouvelle : dans la lumière et l'honnête volupté,
on peut donc jouir librement de soi-même et du
monde? Voilà, non pas pour contredire la
morale du Nord ni rompre en visière à la
décence chrétienne, mais pour composer avec le
plaisir et prendre le sien où il est, sans scandale
public, mais non sans une bonne raison, naturelle et païenne.

Tenté plus d'une fois, Goethe a toujours
reculé devant le voyage de Paris. Et il n'a jamais
été à Berlin, où on n'a pas cessé de le réclamer,
de son âge mûr à la fin de la vieillesse.

XXXV

Goethe n'a pas besoin de courir le monde.
C'est tout de même que le poète tragique n'a
que faire de tuer, de régner, de souffrir, d'être
douze fois adultère et de mourir vingt fois pour
être assassin, fou, amant trahi, femme malheureuse, conquérant, vaincu ou roi.

XXXVI

Qui est le pédant? Le contraire de Pascal, de Shakespeare, de Goethe, de Stendhal et de Montaigne. La solennité de Goethe n'est pas pédante. Ceux-là ne séparent pas la vie de la pensée. Platon sait fort bien que la poésie est un sage délire, une pensée enivrée. Avec toutes ses certitudes, Goethe est trop vivant pour ne pas craindre les systèmes. Là même où il est le plus docte, il n'est pas docteur. Sa force originale, sa vertu égoïste le sauvent de toute pédanterie : il ne cède un peu qu'à l'opinion morale. Il est moral pour les autres : la morale est l'hygiène nécessaire aux faibles et aux communs. Il pense là-dessus en ministre. Toujours, avec Goethe, on revient, droit et devoir, à la morale de l'individu. Elle est bien sévère : l'homme fait son propre destin. Tant de rigueur donne à l'empire du moi une valeur sociale : là où l'individu exige tant de lui-même, la société trouve son compte. L'hygiène est la loi du commun, et l'esthétique est pour les princes.

Sept ou huit jours avant sa mort, Goethe disait à un jeune homme : «Que chacun balaye le seuil de sa maison, et la ville sera propre.» Il a répété ce mot cinq fois.

XXXVII

Sa vie est-elle plus belle que son œuvre? Je
ne sais. La beauté de l'œuvre fait la plus grande
beauté de cette vie. Goethe, fort aigre et peu
généreux avec les jeunes gens qui lui succèdent
ou y prétendent; avide profondément de
prendre à soi la vie des autres, celle de ses
amantes comme celle de ses amis; impitoyable
en apparence à tout ce qui lui fait obstacle :
Goethe, à l'occasion, laisse l'auteur prendre le
pas sur l'homme. Il veut pourtant que toute
œuvre, de la plus grande à la plus petite, naisse
des circonstances et soit un acte de la vie. Mais à
une condition, que la vie s'accomplisse dans
l'œuvre, qu'elle y purge ses misères et ses faiblesses, qu'elle y trouve sa forme la plus parfaite
et la plus digne de durée. L'art est l'Olympe et
les dieux sont la vie. L'œuvre de Goethe finit
par devoir à Goethe plus que Goethe ne doit à
l'œuvre accomplie. Entre les inégalités, celle-là
est la plus rare. En général, l'œuvre est la meil-
leure part de l'homme et tout son génie.

XXXVIII

Beethoven a fortement indisposé Goethe; et
Goethe n'a pas été généreux ni juste pour Beethoven. Des deux, c'est assurément Beethoven

qui a le plus donné de lui-même; mais il prodi-
guait ce que Goethe ne voulait pas prendre.
Goethe ne lui rend pas amour pour amour.
Celui qui n'aime pas est toujours injuste pour
celui qui aime : il est sourd à ce cœur qui l'appelle, et auquel il ne répond pas. Ce n'est pourtant pas la faute de Goethe, si Beethoven l'aime.
Plus Beethoven y met d'excès, moins Goethe s'y
prête. Beethoven étale tous ses sentiments; il les
crie et il s'en vante. Goethe a beaucoup plus de
retenue. On ne peut pas oublier que Goethe est
de vingt ans l'aîné de Beethoven. Une certaine
façon de s'incliner devant les titres et les puissances est la faiblesse du chambellan dans le
poète : il fait trop la révérence; mais il est poli.
Ses torts, s'il en a, sont ceux d'un grand bourgeois, à la Cour. Les torts de Beethoven sont les
travers du plébéien : au lieu de saluer les
princes, il enfonce son chapeau sur sa nuque.
Son orgueil est plein d'ostentation. J'y vois de la
petitesse et du métier : fût-on le premier sym-
phoniste de la terre, le monde ne tient pas tout
entier dans la fosse de l'orchestre, et on ne vit
pas toujours dans la symphonie. La politesse,
pour Beethoven, est un vice de caractère, plutôt
qu'une vertu. Comme tant de Césars en tout
genre, qui ont commencé par être garçons de
ferme ou simples soldats, il dirait volontiers :
«Trop poli pour être honnête.»
    Goethe a bien le droit de ne pas goûter ces
éclats et ces façons grossières. On ne se promène
pas nu, en tout temps, même aux colonies. On

n'est jamais sûr de savoir si un homme a du génie; mais on l'est qu'il vous marche sur le pied, quand il vous écrase l'orteil de sa botte.

Beethoven trouve son compte dans la poésie de Goethe; parfois, elle est le lieu de toutes ses émotions; il voudrait que sa musique eût pour Goethe le même prix incomparable. Il se livre avec transport aux passions que les vers de Goethe lui inspirent; et il veut que le poète les partage. C'est à quoi, justement, Goethe se refuse : il ne veut pas être troublé. Il n'a fait le poème de ses émotions que pour les vaincre et s'en délivrer. Pour lui, d'ailleurs, la musique est un art d'agrément, qui excéde son droit et sa nature, si elle se mêle de toucher au fond de l'âme et de brouiller les fils du destin; il n'admet pas qu'elle le rende au chaos des puissances élémentaires, où il a fait l'ordre au prix de tant d'efforts et de toute une vie soumise à une savante discipline. Perdre conscience, c'est tout perdre, pour Goethe : la porte s'ouvre alors au tourbillon. Beethoven la pousse en s'y ruant. Beethoven se flatterait d'être un volcan; et Goethe, un glacier. Il faut que la paix règne sur les cimes. Même s'il est fatal que la tempête soit la loi des océans.

XXXIX

Goethe a été, plus d'une fois, auteur tout comme un autre. L'auteur, c'est le scandale, la parodie ou le mensonge de l'homme. Plus auteur on est, et moins on est digne de vivre avec grandeur; moins on en est capable, aussi. Rien ne mesure mieux la sottise infatuée des intellectuels que le nom qu'ils se donnent : ils font métier de l'intelligence. Ils sont intellectuels, comme on est ébéniste ou maçon. Quoi de plus vrai? Il n'y a qu'à voir les critiques, en supposant même qu'il ne leur suffise pas d'être toujours partisans. Les logiciens sont une espèce bouffonne de mosaïstes. Il était tout naturel qu'ils finissent par se donner, les uns à Thomas d'Aquin, les autres à Spinoza. Et le plus saint des deux n'est pas celui qu'on pense.

XL

«Je n'attends rien du monde et j'ai appris à désespérer.» A près de quatre-vingts ans, et comme il est en train de finir *Faust,* voilà ce que dit Goethe, l'Olympien, l'impassible. Il ose faire cet aveu, en rentrant dans sa chambre, au fond du temple. Sur le parvis, au plus haut des degrés, s'il a parlé au peuple, il a pu dire : «Je suis maître de moi comme de l'univers.» La

sérénité est au prix du désespoir. On le conçoit
assez, quand on a devant soi la vieillesse et la
mort. Et quel homme profond, même à trente
ans, ne trouve pas, assises à son chevet, ces deux
visiteuses, les soirs de solitude? L'homme vraiment homme est l'animal métaphysiquc. J'accorde qu'il est rare.

S'ils valent mieux que leur victoire, les vain-
queurs même apprennent à désespérer. La grandeur sereine consiste à vivre avec son désespoir :
aller au-delà, si l'on peut; mais non pas l'accepter. Il n'y a qu'une illusion puissante pour voler
au-dessus de cet abîme, une création de l'esprit,
une œuvre de l'amour. Que l'abîme de l'être
particulier rejoigne l'abîme du temps. Il faut
toujours créer, et soi-même et un monde, sous
peine de succomber au néant de soi-même et du
monde. Goethe n'a pas fait plus qu'un autre de
ces créateurs : mais il a su qu'il le faisait, et que
sa loi était de le refaire sans cesse. En quoi il
nous est d'un si haut exemple, à nous tous qui
devons créer sans espérance.

Le désespoir est le climat de la pensée.
Certes, non pas dans la recherche; l'élan qui
nous porte à connaître est plein d'ivresse. La
science n'espère ni ne désespère. Mais le savant?
le retour de la pensée sur elle-même est mortel à
l'espérance; la possession de la connaissance
mène à une infinie dépossession de soi. Jamais
assez, hélas! il en reste toujours quelque chose.
Le suicidé se tire encore la langue au bout de la
corde. Quelle que soit l'immensité du monde,

notre propre nullité fait le néant de l'univers, si tant est que la nullité de l'univers ne fasse pas d'abord notre propre néant et celui du monde. Que nous importe ces multitudes de protons, de photons, d'électrons, et d'en être la projection?

La sérénité est le voile que nous tissons à ce comble de misère. Dans le vide infini, notre ardeur est une lumière; et pour nous faire oublier l'affreuse nudité de la veille, nous étendons à tout le sourire du rêve. Goethe a sondé l'illusion. Quoi qu'il semble et à Weimar même, Goethe aussi a vécu dans Wahnfried.

Il est admirable encore, cet esprit si souvent total, et qui peut l'être si naturellement, pour ne jamais faire la somme. A la fin de *Faust,* il se donne le Paradis. Il y est; mais il n'est pas sûr qu'il n'en puisse pas sortir.

XLI

Se mettre au-dessus de l'événement, et s'y tenir à l'écart de ce qui passe, c'est la règle de Goethe, que ce soit en esprit ou dans la conduite. Règle d'or qui lui permet de glisser entre toutes les modes et de n'être englué par aucune : il entre dans le filet; il se joue entre les mailles; et il en sort sans les rompre. Et pourtant il ne glisse pas : il va plutôt d'une allure ferme et assez lourde. La légèreté lui manque le plus. Mais sa force est souple. Son assurance vient moins de son poids que de la solidité de sa fibre. Goethe est l'homme de toutes les constantes. Donner sa vie au fait, si on ne peut faire autrement, mais lui dérober sa pensée, et se rendre témoin de soi-même comme on est spectateur de tout le reste, Goethe échappe par là au terre à terre des moments aussi bien qu'à la morale bornée des religions, toujours portée à se croire éternelle. Il a la foi de l'artiste, qui est surtout de donner sa forme propre à une éthique assez bien suspendue pour garder l'équilibre entre les fatalités de la raison et les besoins, voire les caprices de la vie.

Si ennemi qu'il soit de tout ce qui n'est pas rationnel, Goethe ne cède pas tout à la raison. J'admire que Goethe pense souvent dans son ordre comme Gauss dans le sien. Une foule de nécessités fatales nous enchaîne : on ne peut pas se soustraire tout à fait aux convulsions de la Cité, au régime de l'État, aux haines sociales, au voisinage des hyènes, à l'inimitié des vipères, à la pauvreté, ce dangereux sentier à pic sur l'abîme de la misère. Et enfin la maladie est un carcan, où l'esprit même est étranglé. Pour sortir de ces liens misérables, il n'y a que l'élan de la pensée, et la passion de s'élever à une beauté sereine : là, règne le plan d'une liberté supérieure. En ce sens, l'artiste et le savant capables de création se donnent tout ce que le monde leur refuse. Et tel est le moyen de se tenir au-dessus de l'événement.

XLII

On peut voir dans le *Premier Faust* le triomphe de l'action sur la recherche intellectuelle, et la joie d'être soi au-dessus de tout autre devoir : morale de la vie fort supérieure à toute morale. Dans le *Second Faust,* il me semble que les avenues de la pensée mènent à des vues plus étendues et plus profondes. Voici le conflit de l'esprit et de la raison, et la défaite de la raison. Il faut toujours en venir là, et ce débat est le nôtre. L'esprit est la vie même; la raison, le cimetière. Et certes, les cimetières seuls ont raison : la chimie de la terre est absolue. Toute vérité est fonction de la chimie.

Reste la mort, résidu, produit ou quotient fatal de tout instant et de toute forme, dans le plan de la science.

C'est alors qu'il faut prendre parti : ou un dédain de la vie égal à la nullitude infinie de la vie. Cette solution est la plus aisée et la plus passive. Elle peut se traduire par le suicide, ou par l'anéantissement de soi dans la masse sociale, suicide parfait de l'individu, au sein de la fourmilière et de la commune. Ou l'invention d'une vie supérieure, pour soi et pour les autres, à la mesure où chacun en est capable; la création d'un monde libre enfin, que ce soit celui de Jupiter dans son Olympe, d'Apollon sur le Parnasse, de Vulcain dans ses forges ou de Prométhée sur son roc. Et peut-être le rêve de Promé-

thée est-il la création humaine entre toutes.
L'homme doit être anéanti ou dépassé. La poésie est la vie sauvée de la misère temporelle. Il
peut y avoir toutes sortes de poésie.

XLIII

Comme ils sentent la musique, et comme ils
en parlent, c'est une pierre de touche pour les
poètes. Sinon en fonction de la littérature, la
musique n'est presque rien pour Goethe. Mais sa
curiosité exige qu'il s'en occcupe. Il se soucie
bien plus des virtuoses que des œuvres musi-
cales. Au sens de Goethe, la musique est démo-
niaque, sitôt qu'elle n'est plus littéraire. Ce
démon fait peur à Goethe bien loin qu'il l'appelle, comme le magicien qui suscite un monde,
l'univers du cœur. La grande musique ne sépare
pas plus le cœur de la pensée, que la grande
philosophie ne peut séparer l'esprit de la
matière.

XLIV

L'esprit de Goethe, voilà bien l'atout
majeur de l'Allemagne, dans la partie de l'Europe. Cet esprit est plus près de nous, plus profond et plus propre à tout le genre humain

qu'aucun autre depuis les Anciens, moins ceux de Paris. Par Goethe, l'esprit du Nord et des énergies barbares s'est intégré à l'ordre antique. D'ailleurs, et je m'étonne qu'on ne l'ait jamais dit, Goethe est bien moins grec que romain. Le Nord a donné des empereurs à Rome. Dans Goethe, je crois voir un César de l'intelligence et de la poésie monter au Capitole. Goethe est le grand poète universel que Rome n'a pas eu, dans l'ère moderne.

XLV

La charité n'est rien; l'œuvre d'art elle aussi n'est rien par elle-même; les vertus ne sont rien; les vices ni plus ni moins : rien ne compte que la création du soi-même par les moyens propres à chacun, et qui répondent en toute vérité à sa nature essentielle. Les violences qu'on se fait et les victoires sur soi-même peuvent être également de plus haut prix et n'en avoir aucun. Le point, c'est de créer sa propre vie spirituelle et de la porter à ce total, où, tout cessant et le temps aboli, l'esprit se réalise et connaît sa propre somme. Il n'est pas sûr que l'homme le plus puissant ni même l'homme de génie y parvienne : une œuvre capitale peut compter infiniment plus pour les autres que pour lui. Le total de son action n'est pas celui de sa victoire, fût-elle même complète.

Toute ambition échoue et tombe devant ce mystère. Une humble vie, tout entière vouée à une action qui la satisfait et l'accroît, peut être plus pleine et plus sûre de l'heureuse éternité que celle de César. L'amour et la domination sur les hommes, les deux victoires de l'individu, sont les gages sans doute d'une activité féconde; mais ils n'ont pas la certitude d'une âme comblée. La vraie morale va se fonder sur l'éternelle et terrible responsabilité de chaque vie envers elle-même. Le temps en sera venu, quand on aura saisi ces assises, comme le prêtre embrasse l'autel de son Dieu. Elles furent celles de Goethe et Bergson en a donné la métaphysique. Mais j'ai douté que Bergson en tirât l'éthique réelle que j'indique, parce qu'elle est encore trop contraire à toutes les valeurs communes et tous les mérites établis. En quoi j'eus tort : Bergson a eu hier ce suprême courage.

XLVI

Ordre

Il est assez vain de reprocher à Goethe sa fameuse opposition de la justice et de l'ordre. Il sait tout comme un autre qu'il y a un cruel désordre dans l'injustice. Mais il pense à la Cité, à ce bas-monde où il faut bien être au milieu de ceux qui sont; où rien n'est parfait sans doute; où le chaos est pourtant le pire mal, parce qu'on

y perd sa force et son temps. Dans le chaos,
toute forme supérieure est condamnée; il
semble qu'elle soit interdite également à l'esprit et à la vie. Tout est toujours à refaire,
idée qui donne à désespérer. Il faut tout
reprendre alors dès l'origine; et c'est à en
avoir la nausée. Il n'est pas juste de fermer les
temples à des proscrits, ou de contraindre les
incrédules à y entrer; mais la plus affreuse
injustice est de les détruire, pour avoir plus
tard à les rebâtir sur les ruines avec leurs
propres débris. La justice se fait, elle n'est pas
faite. Elle est toujours à faire. L'ordre de
Goethe est la liberté d'être soi-même dans la
vérité et, s'il se peut, dans la grandeur.

XLVII

Goethe est le grand dilettante. Non pas du
tout à la façon de l'homme intelligent et volup-
tueux qui s'invite lui-même au spectacle, et qui
se fait un divertissement de tous les drames et de
toutes les comédies. Goethe est le parfait dilettante qui jouit de tous les objets et de la beauté
qu'il y trouve parce qu'il l'y a mise. Sa volupté
n'est jamais passive : elle est la récompense de
son action.

Il y a le dilettante du soir et celui du matin.
Goethe est le magnifique dilettante de midi : sa
journée va d'un midi à l'autre; et dans le plein

soleil de l'heure méridienne, il prend son plaisir de toute l'œuvre accomplie depuis la veille. Voilà bien le roi de la vision, le guetteur exemplaire, qui contemple la vie et la possède dans la beauté du monde. Il n'ignore ni l'horreur, ni la laideur, ni les ombres; mais il les écarte, il les repousse, et s'il les voit encore c'est à travers ces bien heureux rayons. Si l'on peut concevoir une sainteté de la pensée, elle est ici. Toutes les vertus, qu'on prétend trouver dans les plus lourds sacrifices, le cèdent à cette contemplation sacrée qui purifie son objet, et qui est pareille à la musique, quand elle achève en louange le poème de l'action.

Goethe est notre tutélaire Lyncée, et nous l'appelons notre père terrestre. Lui seul, dans le monde moderne, a eu la sagesse de la beauté. Lui seul est le salut de la vie dans la vie même.

Qu'importe à présent qu'il n'ait pas eu dans les mains, pour le prodiguer à tous les passants, le bienfait dont sa pensée a nourri son œuvre? Il est dans ses livres et n'y a jamais plus ni moins été. Il fallait un homme dans le poète, et même un mortel, hélas. Le vrai Goethe est le Goethe éternel et qui doit l'être, tant que l'esprit humain n'aura pas abdiqué.

XLVIII

Il n'est qu'une contemplation plus active et plus belle : celle de Dieu lui-même, le dilettante absolu, total et secret. Le Créateur s'est bien donné le droit de cette création suprême : la possession de son œuvre dans la paix qui contemple. Pour lui, elle est toute belle, toute bonne. Car elle doit l'être, étant ce qui ne peut pas être autre qu'il n'est. Il me semble que je pense ainsi dans Goethe même; en tout cas, on ne peut rien dire de plus à sa louange : il nous donne du monde et de la nature, à la taille de l'homme, une image de la divinité.

Et comme il sourit gravement à ce monde, le monde lui rend son sourire. La Bible dit : «Et Dieu vit que le monde est mauvais.» Il faut dire avec Goethe : «Dieu vit que le monde est ce qu'il a voulu qu'il fût, et qu'il est.»

Comme nous sommes hommes, il n'est ainsi qu'au prix de notre action continuelle et de notre pensée.

XLIX

Goethe est admirable, n'étant pas du tout géomètre, pour être toujours euclidien. Vertu rare dans un Allemand. En quoi il est du passé, comme tous les vrais poètes. Ou plutôt, les poètes incorporent toute la durée à l'éternel présent. Ce n'est pas un poète, celui qui se plaît à détruire. La volonté d'être, en lui, est une ivresse. S'il la sent combattue par ce qui l'entoure, il lui cherche un autre royaume, et il le trouve. Une soif si ardente va jusqu'à la fureur. Ainsi, le poète semble aller parfois contre la raison, se portant avec violence contre la justice. Et Goethe ose dire qu'il préfère tout mal à la révolte. Mot de poète plus que de chambellan; mot royal, qu'il faut prendre en roi, et que les sujets font tristement illustre. Goethe sait bien que le mal est un désordre et que là, précisément, est la question. Mais quoi? Il court au plus pressé : il faut sauver la vie dans une de ses belles formes. Car enfin la vie est force, une explosion perpétuelle de violence et d'effets injustes. La justice est une œuvre d'art, à quoi travaille patiemment la raison. Il ne faut donc pas délirer pour être juste. La justice n'est pas un volcan.

L

Goethe et Flaubert

Dans Flaubert, on surprend une ambition secrète de suivre Goethe, et de le transposer sur le plan de la prose française. Désir profond et sagement caché. On admire Goethe et on l'aime beaucoup à Paris, vers le milieu du dix-neu-vième siècle. Mais Sainte-Beuve lui-même n'en est pas si enthousiaste que Flaubert. La raison de Goethe, son calme, sa volonté d'ordre, son goût de l'antique, tout ce qui fait de lui un classique vivant, Sainte-Beuve y est sensible. Renan ne l'est pas moins. Pour Flaubert, le poète et l'artiste littéraire passent encore le sage et l'esprit universel. *La Tentation de Saint Antoine* est une espèce de second *Faust;* et dans *Bouvard et Pécuchet* on voit poindre un troisième Faust burlesque. L'*Éducation sentimentale* est une façon de *Wilhelm Meister* épicé des *Affinités électives.* Ces comparaisons seraient un peu ridicules, si elles ne faisaient pas quelque lumière sur le fond de l'homme et des œuvres. Quand il n'y aurait pas la différence de la qualité entre les poèmes de Goethe et ceux de Flaubert, *la Tentation* est séparée du second *Faust* par tout l'abîme de la négation. Comme je l'ai dit plus d'une fois, le second *Faust* affirme tout ce qu'il semble détruire. Il porte dans le ciel mystique ce que le monde humain laisse aller dans le doute ou au néant. Méphisto, l'esprit qui nie, est confondu : contre tout droit, contre la signature même du héros qu'il doit confondre, l'homme qui s'est livré à lui.

Il n'y a jamais un mot, ni une intention contre la vie dans Goethe, ni un soupçon même. Tout est contre la vie, dans Flaubert : son ciel est le domaine de Méphisto en personne, et la terre est cet enfer. D'ailleurs, un enfer de bêtise et de dérision. Car lui le diable est toujours bête, quelque admirable ou savant qu'il semble être. L'œuvre de Flaubert est la province du néant : ce serait trop dire l'univers ni l'empire. Flaubert est sans métaphysique; il est bien trop Normand, pour être métaphysicien : les Bretons, à la bonne heure. Le Normand est tout à son fait : ou dévot, ou athée qui nie, ou indifférent. Un Normand ne peindra jamais le Christ de Colmar; on ne le verra pas tailler dans la pierre les dieux de Reims et de Chartres. Non pas même le terrible Jésus au Sépulcre d'Holbein, ce Christ des athées. Il traînera le dieu dans sa lugubre et dérisoire humanité. Le néant sera sans grandeur, comme il est sans espérance. Le ricanement de Bouvard et le désespoir de saint Antoine confinent à la farce. Le dernier mot de Flaubert est bien celui-là : le monde, l'homme et la vie, l'action et la pensée, tout n'est qu'une farce si basse, si noire et si stupide qu'on n'en peut même pas pleurer. Rire, on ne saurait.

LI

Encore ses puissances

On n'a jamais fini avec Goethe. Il est inépuisable comme la bonne volonté de l'esprit. Non pas le moins du monde qu'il porte un égal génie à tout ce qu'il touche : tant s'en faut, qu'on pourrait dire le contraire. Son théâtre, à deux ou trois pièces près, est inerte, inanimé, plein d'artifice, bien moins l'œuvre de la scène que du cabinet. Son style comique est si maigre, si gourmé, d'une si niaise bonhomie et si satisfaite de soi, que pour un peu, on cherche sur les murs du dialogue l'ombre d'Émile Augier et de Sedaine. Mais le désir et la flamme de connaître font la lumière sur tout le reste. La grandeur de l'esprit illumine l'anecdote bourgeoise, les héros de boutique, les pauvres incidents et même la dignité pédante des *Affinités électives,* d'*Hermann et Dorothée* et de *Wilhelm Meister* pour les trois quarts. On ne croit pas à la vie de ces œuvres, et l'on sent toujours la puissance volontaire et la vie de celui à qui on les doit.

Partout, et dans ce qu'on admire le moins, le magnifique étudiant des *Entretiens et causeries* est présent, avec sa force étendue et paisible. Celui-là est un maître, qui apprend toujours et qui étudie d'un zèle si vif à quatre-vingts ans. Partout, Goethe est celui qui pense et qui donne, en poète, la forme à la pensée. L'artiste en pensées, c'est le poète. Le même génie éclate dans certains petits poèmes qui n'ont pas quinze vers, et dans le *Second Faust;* on le retrouve pareil dans les conversations et dans ses lettres. C'est la présence du grand esprit qui fait l'unité de Goethe, dans sa vie comme dans ses œuvres. Moins quelques pages parfaites, où l'attente est comblée, Goethe est du très petit nombre d'hommes qu'on juge supérieurs à ce qu'ils font. Dans l'art d'écrire, ils ne sont que cinq ou six de cette sorte. Un trait leur est commun : sans le vouloir, ou le voulant, ils ont marié en eux le moderne et l'antique. Voilà, peut-être, la formule des princes dans l'ordre du génie. Je dirai de Shakespeare qu'il est bien plus près d'Eschyle et d'Aristophane que de Schiller et de Lope. Qui fut jamais plus grec que Montaigne? Même quand il monte au capitole, il est le sourire de l'Aréopage qui répond à saint Paul. Et peut-être aussi, la négation. La métaphysique du sceptique parfait est nihiliste.

LII

Werther a plus fait pour la gloire de Goethe que les deux *Faust* et toutes ses œuvres. Ce n'est pas le livre, où se révèle un grand homme ou un monde, qui donne la gloire; mais celui qui révèle le public à lui-même. Un tel ouvrage est parfois d'une assez pauvre qualité; mais il sonne l'heure attendue. Il y a presque toujours du feuilleton dans une gloire nationale et vivante; les lampions s'allument et les cris d'une nuit populaire retentissent dans son premier éclat. L'artiste vivant n'est pas admiré pour ce qu'il a d'unique, mais pour ce qu'il a de plus vulgaire, qu'il rend admirable à la foule, dès qu'elle se reconnaît en lui. Et la soi-disant élite n'est qu'une autre espèce de foule moins ingénue, et qui fait la sucrée avec sa bouche de fiel. Le plus souvent, l'élite est la foule des lieux stériles.

Werther a fini par ennuyer Goethe. Il lui devait trop pour n'en pas avoir du dépit. Si, du moins, cet amant passionné de la jeune fille aux tartines osait avouer qu'il ne brûle que pour un corps juvénile sous une transparente chemise sentimentale, et qu'il n'a aucune autre raison d'aimer. Goethe, d'ailleurs, s'en est tiré à merveille. Il s'est mis dans les amours de Werther; mais c'est son rival près de Charlotte, qui donne à cet amour la conclusion du suicide. Il ne se tue que dans la personne du sot qui le gêne. On ne saurait mieux se débarrasser d'une passion puérile, et du personnage un peu niais qu'on a dû y jouer. La mort de Werther fait une excellente fin au roman : elle délivre Goethe d'un sentiment et d'une intrigue sans issue.

LIII

Culture

L'intelligence ne crée jamais une grande œuvre d'art. Il y faut l'instinct puissant de la vie, ce frisson qui vient de si loin et qui va plus loin encore; ou enfin, comme dit Platon, quelque saint délire.

Tout est limite dans Racine. C'est pourquoi il touche à la perfection. Le parfait est le génie de la culture, et sa limite. Racine est donc le génie de la culture. Goethe, bien plus étendu en tous les sens, a pourtant le désir de la perfection. Elle est pour lui dans la forme. Il se cherche des limites, et il s'en donne. Le fleuve utile et régulier, sans crue et sans cataractes, aux quais bien bâtis, aux ponts solides, aux canaux de décharge, où il entend contenir la masse et la puissance de ses torrents non taris, c'est le plus beau de Goethe. Mais Goethe est la volonté de la culture plutôt que l'effet. Il en a le génie, sans en être le fruit naturel comme Racine.

Au sens où l'homme est le produit de la culture de tout le genre humain, il n'y a eu que deux hommes jusqu'ici : le Grec et le Français. Le Grec est l'homme universel pour le monde antique; et le Français, l'homme pour le monde moderne. Le Grec n'a jamais cherché à faire, par la conquête et par la force, un monde attique. Jamais le Français n'a voulu que le monde fût parisien. Dans Athènes comme à Paris, la culture est toute humaine, étant selon la raison, et ne tend qu'à produire de l'humain. Ici, Joinville donne la main à Rabelais, Montaigne à Descartes et Pascal à la Convention. Tel est le génie de la culture, et la langue est son témoin : le Grec a débrouillé tout le complexe et le confus de l'esprit; le Français a filtré l'onde pure et la fixe. On ment en toute langue plus qu'en français. L'erreur est un mensonge involontaire. Les pièges

du français ne sont pas tendus pour qu'on y
tombe, mais pour qu'on les évite.

Il n'y a pas un Italien qui ne veuille, avec
arrogance, que le monde soit romain, et soumis
à Rome : le plus grand des Italiens, Dante, plus
qu'un autre. Les Allemands ont la même fureur.
Mais Goethe en est indemne, et Nietzsche après
lui.

LIV

Mme de Stein est la Charrière de Goethe.
Elle a grandement élevé cet amant par le ton de
son amour et la hauteur de sa nature. Elle lui a
peut-être appris le respect de la passion.
Jusque-là, l'étudiant de Leipzig et le jeune bourgeois de Francfort ne se distinguaient pas par la
délicatesse. Les plus belles amours de Goethe
sont assez semblables à son aventure avec
Mme de Stein. Il aime, il anime, il enflamme son
esprit à ce feu ; il en fait des vers et des livres ; et
au total, il n'y a peut-être rien de plus. Il rêve et
il brûle aux côtés de Mme de Stein ; il passe la
soirée avec elle sur le Parnasse ; et il couche avec
sa Christiane, la bonne, ronde, blonde et simple
fille. Celle-là le délasse de l'autre. Le style de la
conversation intelligente ne peut pas être toujours soutenu.

Cet amour-là est le plus propre aux poètes :
il les excite et ne les épuise pas. Ils sont fort

jaloux de leurs réserves. Il est une occasion d'ardeurs où les œuvres se forment : la volonté les conçoit du rêve et non de l'action. Si l'on vit un poème, les raisons ne sont plus assez fortes de l'écrire. Tristan est né à Venise solitaire, et non à Lucerne, entre les bras d'Isolde. L'amour de poète est tout en préliminaires et en désirs. C'est le désir qui est fécond, et père des œuvres. La flamme éclaire tout. La combustion use et détruit.

Les amours de cet ordre n'empêchent d'ailleurs pas les querelles, la jalousie, ni les mouvements les plus vifs de la femme. Tout au contraire : une ardeur spirituelle les attire. Cette amante supposée platonique ne se refuse que pour mieux se donner à ce qu'elle prise le plus. Près de quoi, la satisfaction est trop grossière qui, dans l'amant, provoque si tôt l'ennui ou la lassitude. Pour des amants immortels, il faut la mort. Tuez-les.

LV

Quelle grande ombre, celle-là, et qui domine de plus haut sur l'Occident, à mesure qu'elle s'éloigne. La forme de Goethe, çà et là, est déjà du passé; mais l'esprit a le don d'éternelle présence. Il le doit à cette possession de lui-même qui l'affranchit de toutes les modes, et même de celle qu'il a pu créer. Les masses et les foules se confondent; elles se survivent uniquement dans la vie de l'espèce, et son progrès, s'il y en a : rien de plus anonyme. Seul demeure tel que lui-même le grand individu. Unique et non semblable aux autres, il reste à jamais ce qu'il fut, le héros, à la façon des Grecs, le demi-dieu qui a conquis une part immortelle, en laissant sa marque et son empreinte à tout ce qu'il pense. Mais, à la vérité, il faut penser.

Il est ridicule de comparer un Victor Hugo à Goethe, bien moins encore un Pouchkine, comme font les Russes, encore moins un Carducci, comme font les Italiens. Pour m'en tenir à Victor Hugo, ce grand poète est l'écho magnifique et vulgaire de toutes les idées communes de son siècle; et ni son siècle ni les âges futurs ne peuvent hériter de lui une seule pensée qui lui soit vraiment propre; et de ses extases éperdues, pas une qu'on puisse dire vraiment sienne. Plus sa rhétorique est originale, moins il a d'originalité. Il est d'ailleurs la répétition faite homme et faite alexandrin. Il parle splendidement pour tous ceux qui feraient mieux de se taire. Il porte au sublime le lieu commun de politique et de morale naturelle : c'est le Bossuet du suffrage universel, devenu Dieu le père, au septième ciel de la vulgarité. Victor Hugo a l'air de s'intéresser à une foule d'objets : au fond, il ne fait que rabâcher prophétiquement quelques thèmes populaires. Il est tout politique : il se borne à passer du roi légitime à la soi-disant reine humanité; et de la sainte ampoule, dans la cathédrale de Reims, au sénateur dieu des bonnes gens dans la fausse basilique de la nature. La pensée de Goethe suit un mouvement contraire. Elle se sépare toujours plus noblement de l'opinion vulgaire, qui est l'opinion confuse. Elle prend ses découvertes au siècle et n'y reste pas attachée. Elle cherche à savoir et s'instruit toujours. Elle est aussi peu politique et même aussi peu sociale que possible. Victor Hugo est toujours dans le troupeau ; Goethe, jamais. Goethe ne fait société qu'avec les grands bergers de l'élite. Sauf dans la morale de tous les jours, cette espèce d'hygiène et de police, à quoi on ne peut se soustraire, la pensée de Goethe est si libre de tout ce qui l'entoure, qu'elle ne s'y oppose même pas.

LVI

Fin de Goethe et sa mystique

A la fin du *Second Faust,* Goethe se délivre de l'énigme et de la contradiction qui sépare l'homme de l'univers et la conscience de l'action. Mais la délivrance est toute mystique. On s'élève peu à peu de la terre au paradis, en passant par les oratoires de la sainteté et de l'extase, comme le soleil visite les maisons du Zodiaque. Et l'hymne conduit au lieu suprême de la rédemption, qui est celui de l'amour. Voilà pourquoi le *Second Faust* s'achève sur le cantique à l'éternel féminin et au salut qu'il assure. Et certes Goethe m'est assez connu : au cas parfaitement absurde où une femme eût été son porte-parole et l'héroïne du poème, je sais qu'il eût fait de l'éternel masculin l'hymne du salut.

Ainsi, la fin de *Faust* est tout à fait parallèle, dans son ordre, à celle de *Parsifal*. Dans le siècle, l'action sauve l'homme de la pensée et de la science, il faut avoir le courage d'en convenir. Après quoi, Faust a encore besoin d'être sauvé; et il ne peut l'être que par l'amour : car, faute d'amour, il va être damné. Là, il est étrangement passif. Il subit la loi qu'il n'a même pas méconnue, puisqu'en effet il ne la soupçonnait pas. Il n'est pour rien de son salut. Parsifal, au contraire, sauve l'homme et le sauveur même par l'amour et sa volonté d'aimer : il n'en a pas d'autre; mais elle est absolue. Le mythe de la religion exige la même fin que le mythe de la science. Le mythe du renoncement a besoin du même secours que le mythe de l'action. C'est que le renoncement n'est pas la maudite paresse des faibles ni leur lâche abdication. On ne se renonce qu'en s'accomplissant. A l'amour d'y pourvoir dans tous les cas.

Il n'est pas croyable qu'on puisse s'y tromper et qu'on fasse de Goethe une espèce de professeur au Collège de France, lequel expose en vers sa doctrine rationnelle, au lieu de faire son cours en prose lourde et en jargon opiacé. L'ordre, la raison et le classique de Goethe ne sont aucunement le fond de Goethe et sa nature : ils ne sont que sa règle et sa méthode. Il est aussi dynamique, aussi étendu en devenir que le plus *urdeutsch* des Allemands. Mais il entend donner à toute sa substance gothique la norme sereine et la dignité de l'ordre antique, grec ou latin. Cet ordre est sa morale même. Un beau visage, qui fait la paix et l'harmonie entre tous les mouvements contraires, est le propre masque de la vertu. Le bien est une vérité et une conquête esthétiques.

LVII

Quel sens peut-il bien y avoir à séparer l'être du penser? ou même, dans l'homme, la pensée de la vie? Va-t-on croire encore à la réalité des idées, à toutes ces chimies naïves et abstraites, qui sont les vaines idoles de l'école? Les matérialistes sont bornés; mais les scolastiques sont ridicules. Les matérialistes répondent à la question sans la comprendre : ils sont toujours dans le détail; et les scolastiques sont persuadés d'avoir tout compris, en répondant à la question par la question même : car ils commencent par supposer une infaillible solution. Les matérialistes mangent de la terre; et les scolastiques se nourrissent de vent. Goethe aussi loin des uns que des autres; Goethe est le grand médiateur : c'est son génie.

LVIII

Protée

Il est deux sortes de Protée. Le Protée sans grandeur prend toute sorte de formes; et il n'est lui-même que par elles. Il se plaît d'autant plus à passer de l'une à l'autre, qu'il se cherche dans toutes et qu'il ne se trouve pas : l'âme manque; elle est nécessaire même à la force plastique, ce miroir qui modèle les objets.

Le Protée comme Goethe est au contraire celui qui fait l'unité de toutes les formes qu'il peut prendre. Elle ne serait rien sans lui. Elle se sert et s'enrichit de toutes; mais il est dans toutes et elles sont toutes à sa ressemblance plus ou moins. Le Protée créateur est à l'opposé du Protée qui subit.

Protée sans vie et sans grandeur, celui qui se vante d'une poésie tout intellectuelle. Comme elle use des mots et du langage, après y avoir desséché toute la fleur, elle ergote, elle joue du signe, et se fait prendre pour ce qu'elle n'est pas : tout poème est une fantaisie de l'émotion, et tout vrai poète délire, même sagement. C'est Platon qui le dit. S'il n'en était pas très sûr, il ne bannirait pas les poètes de la République.

Neuf, dix, onze hommes dans Goethe et un grand poète qui les porte tous : le poète parle pour cette foule, ayant toujours le dernier mot. C'est la poésie qui fait l'unité. Voilà d'abord ce qui distingue le grand Goethe de tous ses singes.

Ce géant de la culture reste poète, comme si l'intelligence en lui n'était que l'humble servante de la nature. En quoi il est unique. Les soi-disant poètes de l'intelligence, comme ils ne sont savants que pour les rimeurs, ils ne sont poètes que pour les savants. Le jeu mécanique de l'intellect est mortel au puissant esprit de la nature, qui dans l'homme est poésie. Que la culture et le don se fortifient l'un l'autre, ce miracle est le plus rare. Quelques Grecs ont été ainsi. Shakespeare, plus que personne; et ce Goethe, l'homme de deux siècles, qui, il n'y a pas cent ans, vivait encore.

LIX

Un mot de Goethe, où l'on voit la pensée en action, et que cette puissante nature d'homme est toujours, et d'abord, dans le sens de la vie. «A quoi bon, dit-il, persister dans nos idées, quand tout change autour de nous?» Voilà le grand sceptique, le même qui est à l'origine de toute pensée libre, que ce soit Socrate ou Descartes. Il ne faut pas moins pour sortir de la servitude naturelle à presque tous les esprits. Ce mot de Goethe est ce qu'il y a de plus contraire aux théologiens et à la théologie. La vie commande; mais on s'arrange pour que les hommes ne comprennent rien à ce commandement, et ne l'entendent même pas. L'intelligence de la vie est l'instinct même, dans toute la nature. Dans l'homme, c'est l'intuition, qui est l'intelligence de la vie. Dans Goethe plus qu'en personne. Trop poète et trop vivant pour être esclave de l'abstrait.

LX

Quelques traits de Goethe

Ceux-là que l'amour préoccupe et tourmente jusque dans le vieil âge, n'ont pas connu la grande vie amoureuse : ni le rire innombrable du plaisir, ni le profond sourire de la passion. Le regret les en poursuit jusqu'à la mort. On les reconnait surtout à la tristesse ou à l'amertume de leurs souvenirs : s'ils regrettent avec tant de mélancolie la jeunesse et l'amour, c'est qu'ils n'ont pas eu le plein de la vie amoureuse, dans le temps juste de l'amour. Je trouve dans Chateaubriand le type même du faux amant : on dirait qu'il n'aima jamais celles qui l'aimèrent et qu'il n'a jamais eu celles qu'il a aimées. La petite anglaise Charlotte et Mme Récamier lui furent tout en ne lui étant de rien, et pour cause. Et lui-même, qu'a-t-il été pour ses prétendues maîtresses, qu'une sorte ambiguë de Récamier? Je ne puis me défendre de ce soupçon. Et il tourne à la certitude, quand je vois l'aigreur perpétuelle, l'estime glorieuse et méprisante, la rancune à peine voilée de sa propre femme pour

René. Elle a toujours l'air de penser, avec un demi-sourire de qui en sait trop long : «Parlez toujours; ce n'est pas à moi qu'il en faut conter; je sais mieux que vous à quoi m'en tenir sur ce fameux amant : ce n'est même pas un mari; et bien loin de manier la massue d'Hercule, à peine un Roméo blanc.»

Goethe aussi a manqué les deux grandes amours de sa vie, Mme de Stein et Ulrique de Levetzow, la femme dans toute sa force, et la jeune fille en bouton. Mais il a vécu ces grandes amours qu'il n'a pas eues. Et sa jeunesse lui a prodigué, jusqu'à lui en faire un riche trésor, le billon du plaisir.

De là, qu'en son vieil âge, il est sans regret trop amer, sans blasphème et sans rancune.

Connaissance du caractère

C'est dans l'amour que l'on connait le caractère de l'homme. Avec Beethoven, avec Kleist, avec dix autres, Goethe se montre d'une justice trop stricte pour n'être pas injuste; et on le voit sans bonté. Il ne manque pas de cœur : il le cache. Sa bonté est grande comme lui, elle est certaine : mais elle choisit. Pour une foule de gens, la bonté sans choix est la vraie bonté. Il ne veut pas se laisser conquérir par l'ennemi dont il a fait la conquête. Il a mis le sentiment sous le joug : il entend rester maître de l'attelage, et n'être pas subjugué à son tour, lui aussi.

Étant fort, il est juste; mais il n'accepte pas de subir une passion de justice, qui remet tout en question. Goethe a le profond sentiment de la vie. S'il fallait choisir, décidément, entre la vie et la règle, et si la règle était mortelle, il rejetterait la règle et se rallierait à la vie. On n'en est pas toujours là, grâce au ciel. La vie a reçu son ordre, qui est la culture. (Du moins, dans le Nord.) Les siècles y sont inclus. On se les adjoint, on s'en pare plus qu'on ne les absorbe. Il ne s'agit pas d'étouffer l'instinct, mais de prescrire à ce torrent des rives, un cours navigable, voire des ponts et des digues.

Goethe en son âge solide n'entend pas que des jeunes gens sans frein le rendent au chaos de ses vingt ans. Werther est le jeune homme, qui est si bien condamné à mort, qu'en effet il se tue. Il doit mourir, rien n'est plus nécessaire. La jeunesse est l'espace romantique de la vie. Le classique est ce qui dure. Il faut porter dans le plan de la durée toutes les forces du chaos, à la condition d'y faire l'ordre et de les régler. La règle est l'ordre de ce qui dure; le chaos est l'ordre de ce qui ne doit pas durer.

La vie sensible est la vie romantique. Toute jeunesse est romantique, ou fait semblant. Car la jeunesse fait la passionnée, souvent sans la moindre passion.

Qu'on pense à Eschyle, à Molière, à Racine : qui les voit jeunes hommes dans leurs œuvres? Personne. Ils sont toujours dans l'âge mûr, l'âge sans âge, où l'on se possède, où la

pensée tient la barre et mène tout, les matelots,
le navire, les passagers et le voyage.
Toute musique est romantique, en principe.
Car la musique est femme. Elle veut l'amour.
Amoureuse, il lui faut la jeunesse, et elle est
toujours jeune.
Goethe vieillard touche à un ridicule
sublime : il est amoureux. Il offre l'émotion de
ses vers à une jeune fille qui vient de naître.
Parce qu'il a du génie, ses vers sont jeunes; mais
lui, l'homme, a près de soixante-quinze ans. Ce
grand homme, plein de conscience, est sa propre
et magnifique parodie. Il tourne au classique
tout son romantisme vivant : cette force en lui
persévère. Parce que son amour lui inspire des
vers et des sentiments qu'il rend classiques, il
s'imagine qu'il a la jeunesse de la vie amoureuse.
Le spectacle est admirable de son illusion et de
sa défaite quand, à son plein crépuscule, il
tombe amoureux d'Ulrique, la ravissante petite
fille de la prime aurore. C'est la vengeance de
Kleist, de Beethoven et des autres.

LXI

A ce propos, je voudrais dire encore un mot
de Racine. Sur un tout autre plan que Goethe,
moins vaste sans doute et moins visible, le seul
Racine offre le même prodige d'une extrême
culture qui ne nuit en rien au don de poésie.

Que Racine fût merveilleusement intelligent, il suffit de lire ses préfaces pour s'en convaincre. Qu'il eût au plus haut degré le don de poésie, il n'est que de se pencher sur ses vers, l'un après l'autre, et d'en faire la toujours neuve découverte; tout y est : la profondeur du sentiment, la plus fine musique du langage, une harmonie sans pareille entre la pensée et l'expression.

Racine est une pierre de touche pour les esprits. Pas un étranger n'a jamais rendu justice à Racine : c'est que pas un ne l'a compris; pas un ne l'a saisi dans son entier, dans sa fleur et dans son esprit. Quelques-uns mettent à le louer une assez sotte façon de condescendance. Pourquoi cet échec? faute de sentir. Pour entendre Racine, il faut être Français en quelque manière. La raison est que la perfection se dérobe le plus à l'intelligence, et parfois même à toute analyse. L'œuvre parfaite doit être sentie; c'est par une sorte d'ivresse spirituelle qu'elle arrive à la raison.

La perfection est un mystère. Il se dérobe aux mains qui le tentent. *Noli me tangere.* Goethe n'est pas à beaucoup près aussi parfait que Racine. Seul, Sophocle l'a été. Mais Goethe est encore plus puissant à faire l'harmonie dans un monde bien plus vaste, où se combattent les éléments contraires, où éclatent les aveugles volcans. Il ne va pas si loin que Racine dans le sentiment, et bien moins avant que lui dans le cœur de la femme. Mais Goethe s'élève bien plus haut dans la sphère des pensées. La nature de

Racine est tout humaine ou sociale. La nature de Goethe est universelle. Le classique de Racine est un temple sublime, le Parthénon, peut-être. Le classique de Goethe est une ville immense, et Rome plus qu'Athènes. Dix ou douze petits lieds de Goethe me donnent, à la fois, le sentiment et l'idée de la merveille. Il fallait l'esprit souverain, qui porte un système du monde, pour ouvrir, au bord de notre oreille, cette fleur qui chante, dont le parfum exquis et l'exquise couleur égalent la mélodie. J'adore le même miracle dans Shakespeare. Quelques-unes des petites chansons qui éclosent dans ses drames passent, peut-être, les moments les plus sublimes. Qui peut le plus peut le moins, comme ils disent avec Sancho; mais qui peut le moins ne peut certes pas le plus. Le moins, en poésie, c'est l'intelligence. Et le plus, c'est l'essence de la poésie même. Orphée le savait déjà.

LXII

Savoir dire non

Goethe n'a jamais dit «non» à rien; ce mot de Nietzsche est le plus faux du monde. Goethe dit *non* à tout ce qui le trouble, à tout ce qui le gêne, à tout ce qui lui fait courir le risque de rompre son accord avec lui-même. Car il est fait de plusieurs hommes, et il ne vit que pour les fondre en un seul, de qui il puisse dire : «Je suis maître de moi comme de l'univers.»

Les premières œuvres de Goethe sont faites de ses refus : il rejette dans l'œuvre ce qui le désunit dans sa pensée et l'embarrasse dans sa vie. Romantique et anarchiste à l'origine, il dit non, plus tard, à toute licence et à tout romantisme. Où l'on voit, une fois de plus, que le romantisme, c'est la jeunesse. Il se sépare peu à peu de tous ses alliés. Il se refuse, avec une constante énergie, et même avec violence, à tout désordre, en art, en politique, en morale. Il n'est pas loin de prendre le changement pour un péché contre l'ordre. Même en science.

Il dit non à la musique, à Beethoven et à Schubert. Il dit non, tout en l'aimant, à son cher Byron; et hochant la tête, il le condamne. Il dit non à «ces jeunes gens de Paris» qui pourtant le flattent, à Victor Hugo comme à Kleist et comme à Chateaubriand. Il aurait eu horreur de Hölderlin, s'il l'eût connu. *Manon Lescaut* lui fait peur; et qu'eût-il pensé de Baudelaire?

LXIII

Tant qu'il a été jeune, il a fait quelque accueil à la jeunesse et au temps à venir. Dès l'âge mûr, il n'a plus souffert qu'on pût être et penser comme il avait fait lui-même vingt ou trente ans plus tôt. Les *Xénies,* les épigrammes, cent et cent distiques sont là pour en donner la preuve. Cette inclination est si forte en lui, qu'il introduit la polémique et la satire littéraire jusque dans l'Enfer et le Sabbat du *Second Faust*. La jeune Allemagne, dressée contre Napoléon, avait toute raison de lui en vouloir, tant en poésie qu'en politique. Tout ce qui sort de la règle est suspect à Goethe. Tout ce qui lui est suspect le trouble. Et tout ce qui le trouble lui est ennemi. Il en vient même à repousser la philosophie et les philosophes, tant la métaphysique lui est suspecte. Comme il a «horreur de la croix, de l'ail et des cloches», il a la haine de tout excès. Goethe nie autant qu'il affirme; mais il affirme toujours dans tout ce qu'il nie. Pas l'ombre de perversité dans Goethe : or, c'est dans la contrée redoutable du rare, du pervers, de l'incertain et du contradictoire qu'il s'agit de ne pas dire non, si l'on veut être réellement celui qui jamais ne refuse. Goethe en est bien loin : il n'est même pas timide sur ces frontières; il est timoré, et de très bonne foi il a l'épouvante de ce qui est anormal; il s'en fait un monstre, et il l'appelle contre-nature. Comme si la contre-nature n'était pas dans la nature, et selon la nature, à l'égal de tout le reste.

LXIV

Une erreur capitale et la plus universelle, aujourd'hui : à propos de ce qui est, au terme présent de la durée, on replonge sans cesse le fait et la pensée dans l'obscur chaos des origines. On prêche la nudité, parce que l'Adam de l'an cent mille avant notre ère était nu; mais le pithèque en question, velu du haut en bas, avait un habit de poils qui ne le cède à nulle autre fourrure. Penser dans l'évolution est si difficile, si contraire à la plupart des hommes, qu'ils confondent tous les moments. Le dix-septième siècle, si puissant d'esprit, le sens de l'évolution seul lui manque. A Descartes et Leibniz, on ne peut guère faire le reproche d'avoir ignoré que toute évolution est irréversible. Ils ne pouvaient connaître le principe de Carnot. Mais les beaux esprits de 1930? et ces prétendus philosophes?

Il y a une Cité, il y a une morale, il y a une pensée : car il est un genre humain. Il ne faut pas, à tout propos, tirer la queue du singe dans l'homme. On y est moins savant que sot.

LXV

Les Grecs, les merveilleux Grecs, sont tous également génies de l'intuition et génies de la culture. Que ce soit à Athènes ou en Asie, Apol-

lon et Dionysos se rencontrent et se donnent la
main sur les Iles. Nul ne pense plus grandement
ni plus profondément qu'Eschyle, Euripide ou
Platon; et nul n'est plus poète, plus inspiré, au
sens où Platon lui-même entend que le poète et
le philosophe ne peuvent rien sans leur démon.
Au cours du *Banquet,* on voit assez combien
Aristophane s'élève aisément dans le mythe et le
symbole. De ces convives admirables, il est le
plus philosophe. Pourtant, ses comédies sont
d'un enfant divin et débridé qui se joue de
toutes les idées et de tous les hommes. Sa lyre
seule est immaculée, comme la musique d'Apollon et le chant des Muses, quand ils croisent les
Bacchantes dans les solitudes enivrées du Cithé-
ron et du Parnasse.

Souvent, il est vrai, dans le monde
moderne, la culture tarit la source profonde ou
la dessèche. Assez souvent aussi, là où l'instinct
persiste, la nature est grossière. Elle ne peut plus
s'élever à l'œuvre d'art, celle où la délicieuse
légèreté de l'esprit emporte si haut la culture
qu'elle n'est plus apparente : là, elle semble
naturelle, comme dans Sophocle et Platon, ou
plus près de nous dans Stendhal et Racine. En
retour, l'exquise mesure de l'art donne à la
culture un tact si fin qu'elle semble ne faire
qu'un avec le génie même : ainsi un voile tissé
par les Grâces colle au corps de la déesse. Dans
les lieds de Goethe, il y a de ce prestige, de ce
doux triomphe et de cette fleur.

Goethe est un homme du dix-huitième

siècle et n'a jamais cessé de l'être. *Werther* n'est qu'un accident. Le romantique de Rousseau est à l'autre, celui de Byron, comme l'*Ancien Testament* au *Nouveau.*

LXVI

Le miracle de Goethe, que le grand bourgeois en lui n'ait jamais tué le grand poète, et que le grand poète n'ait pas nui au bourgeois accompli. L'un nourrit l'autre, comme il convient. Il est vrai qu'il n'est jamais de petite bourgeoisie : il ne sent pas la boutique; il échappe donc aux clans et aux modes littéraires, ces sordides échoppes de l'esprit. Jamais il ne se plonge dans la petite politique : il ne siège pas au conseil municipal; il ne distribue pas, pour être maire, les bureaux de tabac de la postérité. Il n'a pas le moindre esprit de clocher. Par là seulement, Goethe est plus près de Nietzsche que tous les auteurs présents, à Pontoise et surtout à Paris. Les poètes allemands restent de la classe moyenne plus que les nôtres. Gros bourgeois assis sur l'Olympe et ceint de laurier, Goethe répond assez bien à la caricature ou à la fausse idée que se font les Français du génie allemand. Le Français ne conçoit guère qu'un si grand homme ne soit pas ou tout peuple ou plus aristocrate.

LXVII

L'anarchie est l'antidote de la scolastique. Médication fatale, que la volonté de vivre impose. La scolastique veut brûler Copernic et Galilée, Michel Servet et Harvey, le vrai texte d'Aristote et la mécanique céleste, la médecine nouvelle, les études grecques et l'expérience en tout, les plus grands et les moindres, tous ceux qui dérangent l'ordre et qui veulent substituer la parole vivante à la lettre morte. Elle fait fuir Descartes, qui ne tient pas du tout à mêler ses propres cendres à celles de son *Traité du monde.* J'ai entendu naguère trois ou quatre scolastiques soutenir sérieusement qu'il faudrait brûler Einstein pour lui apprendre à se taire ou à vivre tranquille dans le système de Newton : les mêmes qui, deux ou trois siècles en deçà, auraient fait rôtir Newton et Kepler, pour leur apprendre à vivre en Ptolémée. La scolastique est la logique de la science morte. Elle est donc partout : les fidèles de Marx sont des scolastiques comme ceux de saint Thomas. Il n'y a rien de plus faux et de plus périmé que l'économie de Marx. C'est une économie à l'allemande et, si l'on peut dire, non euclidienne. Le social s'impose désormais à toute la politique humaine. Mais tout l'avantage sur Marx est à Proudhon, bon cartésien.

Goethe est tout viril, toute action spirituelle. Il n'y a rien de féminin en lui. Aussi n'a-

t-il réellement créé qu'une seule femme, Marguerite, la plus simple de toutes. Charlotte,
Claire, Mignon n'en sont que des variantes,
sans clair-obscur, replis ni malice. Elles
naissent avec l'amour d'un homme; elles en
vivent; elles en meurent, s'il se retire. Ni
l'âme, ni la qualité originale de l'esprit ou des
sens ne les distingue entre elles. Au fond, elles
ne diffèrent que par les lieux et le costume.
Elles sont assez vides pour qu'un premier
amour les comble entièrement : il est d'ailleurs aussi vague et aussi fort qu'un instinct. Il
leur faut donc mourir ou se marier le plus tôt
possible.

LXVIII

C'est encore une leçon de Goethe qu'avec
toute son obéissance à la nature, l'art, pour lui,
est toujours dans le choix. Pas un grand artiste,
pas un créateur de formes, n'a jamais été réaliste. Et il ne l'est pas, même eût-il voulu l'être.
On n'est dans la nature que pour en sortir. L'art
n'est pas une imitation, mais une conquête. Plus
on crée, moins on copie. Tout l'homme enfin,
dans l'art et dans l'action, dans la morale et la
pensée, n'est qu'un essai à se tirer de la nature.
Illusion ou non, il n'est de liberté que contre la
nature. L'esprit est le propre de l'homme; et il a
beau sourdre de la nature, comme tout le reste,

l'esprit n'est pas de la nature, mais proprement humain.

La Cité est une seconde nature. Dans le monde antique, le citoyen s'impose souvent au poète, et le plie à une espèce de conformité naturelle. Gare à qui s'y dérobe : ce rebelle est le maudit et l'hérétique, chez les Anciens. D'ailleurs, l'abîme de l'État sépare Rome d'Athènes. Par là, le poète latin est parfois réaliste, on dirait malgré lui : il imite et sert la nature romaine, en mirant toujours l'État. L'Athénien est infiniment plus libre. Même dans *Les Perses,* quand il chante le péan, il est moins avec Athènes et les Grecs qu'avec Prométhée et le destin. Que l'on compare un peu Tite-Live avec Hérodote. Il est difficile d'être moins citoyen que Goethe, en y mettant plus d'aisance et plus de modération. Il tient fort à son Allemagne, par de puissantes racines; il n'a jamais voulu en couper aucune; mais il semble n'avoir aucun lien avec l'État allemand.

LXIX

Un jardin sans fleurs, les oiseaux le désertent. Leur petit cœur a besoin des fleurs pour s'emplir de chants. (Écho ironique : c'est que la rose et l'œillet, le lys et l'amourette sont pleins d'insectes.)

Dans la forêt vierge, les fleurs disparaissent

sous le grouillement de la vie animale, la vie en perpétuel mouvement. Elles le cèdent aux sangsues et aux moustiques, aux myriades de la pourriture et des germes, aux fourmis comme aux fauves. Une belle fleur donne l'idée qu'elle est unique en sa grâce suave et son parfum. Dire que là-dessous, il y a les espèces. L'innombrable fait horreur.

Pour la fleur, il faut le jardin. Quelle honte de préférer la forêt tropicale aux jardins de Paris, et je dirais presque aux tapis de la Perse.

LXX

Les plus vils, quand ils ont réussi, sont les plus satisfaits. Tout le monde les y aide. Ils ne trouvent que des clients ou des complices. Ils le prennent du plus haut avec les mécontents et les fronts sans lauriers. (Là, aux portes du palais ou dans l'antichambre, les professeurs sont impayables : lequel ne brûle pas d'admirer les académiciens? Chacun a le sien : il s'en fait le prêtre, il lui dédie sa vie; et dans l'encens, il le commente. Ils sont bien nés l'un pour l'autre.) Quel univers pourrait être mieux fait que celui où ils triomphent? L'optimiste est presque toujours un pharisien.

Les plus vils, dis-je? Voilà qui est fort grave pour le succès. Ils disent que les vaincus se consolent comme ils peuvent. Soit. Sachez-le donc, sots : le grand vaincu, maître pourtant de son propre espace, méprise ou contemple, menace ou se tait; il se plaint, peut-être; il ne se console jamais.

LXXI

De Goethe à Wagner et du *Second Faust* à *Parsifal,* il y a pourtant cette différence : Goethe est sous le signe de Spinoza; Wagner, sous le signe de Schopenhauer. («Sous le signe» : j'emploie ce terme devenu si vulgaire, parce que dans sa pureté il m'est dû; en 1920, je publiai un chapitre : *Sous le signe de Cléopâtre.* Ils l'ont beaucoup pillé, comme le reste. Et demain, dix de ces chiens à tête de vipère diront, dans *Le Temps* sans doute, que c'est moi qui les pille. N'est-ce pas, Putois?)

Dans Goethe, l'homme est encore maître de la nature, s'il la comprend. L'homme est perdu dans l'univers, avec Wagner, du fait même qu'il en a l'intelligence. Wagner nie la vie au profit du salut. Il y est conduit et forcé par tout le néant que l'univers irradie de la conscience de l'homme. Goethe affirme la vie, et le salut l'assure. Le doute sur la vie n'a jamais atteint la conscience de Goethe. C'est pourquoi Goethe, père de tout l'art romantique avec Jean-Jacques, est la fin d'un monde, tout comme Beethoven en

musique. Il n'est pas la source d'un monde nouveau.

Nous, et tout notre monde, nous portions
sur le doute ou la négation profonde de la vie.
Tout le reste s'ensuit : art, pensée, politique et
jusque dans le lit, entre les draps, quand un de
ces spectres tristes, aveugles ou forcenés, se
mesure à l'autre, la femme et l'homme. Je
nomme la femme en premier parce qu'elle est
l'objet du doute, et trop vaine pour douter
jamais. Tout, et la science encore, avec ses
trente, cinquante ou cent zéros, en plus ou en
moins, à la droite ou à la gauche du chiffre.
Tout notre drame est en Dieu, comme Dostoïevski le savait déjà. Dieu, c'est à savoir si réellement nous sommes réels dans quelque chose qui
soit.

LXXII

Ils en disent trop : ils s'étendent à présent
sur les misères de Goethe et sur sa dure vie. Ils
en ont la larme à l'œil. Ils veulent trop vaincre.
Cela ne vaut rien. Quand nous avons les saints
tout vivants encore sous les yeux, les hagio-
graphes ont l'air de charlatans. Pour faire valoir
Goethe et l'admirable exercice de sa vie, ils la
tournent au martyre. Goethe aurait passé par
toutes les douleurs, et sa seule volonté l'aurait
tenu au-dessus de toutes. Peut-on rêver un excès

plus ridicule ? Vont-ils pas nous faire prendre un homme qui a vécu quatre-vingt-cinq ans, et sans infirmité jusqu'au dernier jour ; en pleine possession de son génie jusqu'à l'avant-veille de sa mort ; bon sommeil, bon estomac, bonne écriture ; imaginant, écrivant toujours en prose et en vers ; toujours dispos au plaisir, à la lecture, à l'entretien et même à la promenade, vont-ils pas nous le donner pour un homme de faible santé ? Et cette absurde opinion, parce qu'il a eu deux ou trois mauvais moments au cours d'une carrière presque centenaire.

Au vrai, toutes les grandes douleurs ont été épargnées à Goethe. Une seule, sans doute, fut réservée à sa vieillesse : réelle, assurément, mais la plus séduisante comme la plus féconde : un amour malheureux. Elle renouvelle en lui le don de poésie ; elle le tire de la culture et des livres, pour le rendre à la passion. C'est un don du ciel au vieillard qu'il puisse s'éprendre encore d'une jeune fille, toujours le matin de Pâques, et bien mieux qu'il puisse souffrir de ne pas satisfaire cette magnifique convoitise ; le feu rajeunit ces vieux os que brûle le désir et que l'ardeur ne consume pas.

Avec la mort de ce qu'on aime, ou la trahison de l'amour, la maladie, la misère ou la longue gêne, le blessure de l'abandon dans le désert, et la colère de la défaite, sont les maux irréparables et les demi-morts d'une courte ou d'une longue vie. Goethe ne les a pas subis. Il a épuisé toutes les épices et tout le miel de la gloire; il est sur les autels, le dieu de son pays et le prince de l'Europe; jeune homme, on le comblait déjà de cette ambroisie, qui n'est que de l'eau croupie et trop amère quand on y goûte dans le vieil âge. Ce nectar épais n'est plus que du poison, si on ne le boit qu'en rêve et qu'on l'envie aux indignes lèvres à qui de plus indignes esclaves le prodiguent, les en barbouillant jour et nuit. Le plus terrible des poisons, le poison de Tantale.

Goethe n'a jamais été pauvre. Il n'a même pas été trahi, ou si peu que rien. On l'a plus admiré que personne. On l'a beaucoup aimé. Il n'a donc pas connu les plus noirs ennemis d'une vie puissante : la solitude sans amis, le désert, la maladie, la misère et l'injure de l'éternel échec. Il faut avoir à faire aux courtisans du succès, les plus lâches de tous, aux chiens rampants qui font la gloire aujourd'hui, pour s'attendrir sur la vie malheureuse de Goethe, et pour chanter des hymnes à la victoire qu'il a su remporter sur le destin. Une telle louange, ici, est une insulte à tous ceux qui la méritent et qui ne l'ont jamais obtenue. Que l'on compare le sort de Goethe à celui de Wagner, je suppose, de Baudelaire, de Dostoïevski, de Balzac même, de Jean-Jacques, ou de Nietzsche, pour ne rien dire d'un passé plus lointain.

En ce sens, notre merveilleux Stendhal est unique comme en tout : dédié totalement à la vie, il se suffit totalement à lui-même, porté au-dessus des peines les plus humiliantes et des pires défaites, par la flamme de l'amour et la curiosité de l'esprit. Dans le calme optimiste de Goethe, il y a quelque peu de la tranquillité bornée et du cœur trop lent du pharisien, frère fidèle et caché, doublure inusable du grand bourgeois. Le *beatus possidens* est, ce frère-là, bien assis dans son excellence. On peut tout dire contre la faiblesse ou la folie de compatir : le miracle de la profonde compassion est qu'elle étend infiniment la prise de l'âme sur la vie et sur les formes mêmes qui lui sont le plus étrangères.

LXXIII

Goethe travesti en Grec me fait rire : Grec comme Thorvaldsen et Canova. L'encens brouille tout. L'*Iphigénie* de Goethe est la Junon Ludovisi en chair et en os; il ne reste rien d'Euripide sous cette matrone. Goethe est le grand Romain que Rome n'a pas eu ; d'ailleurs, vers ses trente ans, il s'est fixé en Alexandrie. Il n'a rien d'attique.

LXXIV

Dès l'enfance, Goethe a été un peu pontife. Il n'a pas tout à fait cessé de l'être en public.

Pourtant, au soir de son long crépuscule, quand il s'entretient avec un de ses fidèles, il se détend; il se laisse aller aux confidences; il n'y met pas trop d'amidon ni d'apprêt. S'il compose toujours sa statue, elle n'est plus en marbre de Carrare et il n'arrange plus les plis de son vêtement en toge de musée : il modèle dans l'argile une robe de chambre, sinon une chemise de nuit. Jamais débraillé ou sans retenue; mais enfin il laisse la raideur au porte-manteau. Parfois même, il tourne au petit-cousin de Montaigne.

LXXV

Goethe et l'art

Plus artiste que Goethe, pas un Allemand ne l'a été ; et même il n'a pas d'égal dans l'art d'écrire en vers : il connaît toutes les ressources de sa langue; il a tous les dons et joue de tous les instruments; il va du parler le plus familier à la hauteur sublime; il est bonhomme et mystique avec la même facilité. Son instinct populaire ne le cède pas au calcul de la plus rare science. Et partout il excelle avec simplicité; cette vertu couronne toutes les autres. Son vers a je ne sais quoi d'immense et d'aisé, de naturel et d'opulent; chaque épi est bien dru, bien gonflé, le grain est d'or et la moisson splendide. Est-il aussi plein, aussi libre en prose? Je ne sais et je n'en juge pas. Il me semble bien plus Allemand que Nietzsche; et Nietzsche nous séduit davantage, étant bien plus près du style français. Quoi qu'il en soit, Goethe n'a pas d'égal dans son art de poète allemand.

L'art a été le cher et grand souci de Goethe. On ne le conçoit pas sans ses cartons de dessins et de planches, ses antiques, ses plâtres et ses intailles. L'œuvre des peintres et des sculpteurs, l'objet d'art, le sollicite sans cesse : il le consulte, il le contemple, il y pense et il en parle, tout le long de sa vie. C'est par là qu'il est le plus près, peut-être, et le plus loin de nous.

Goethe et l'art, ce sujet tente l'ami de Goethe; il est des plus délicats à toucher. Presque toutes ses opinions sont le contraire des nôtres; et l'esprit qu'il y porte ne nous déçoit presque jamais. Il faut, ici, se séparer du grand poète. Lui donner tort n'a pas de sens, si l'on pense à lui, à son temps, à ce qu'il est. Et on ne peut lui donner raison, si l'on suit son propre goût, si l'on pense à soi-même, comme il est fatal qu'on le doive faire; tout jugement d'art est un acte de notre vie; l'esprit n'intervient que pour nous fournir d'arguments. Nous nous défendons également dans ce qui nous plaît et dans ce qui nous rebute. Une œuvre est belle qui nous élève et nous accroît.Elle est moindre, si elle ne nous étend pas, si elle diminue notre force et notre rythme. Elle est sans beauté, si elle nous abaisse et nous laisse inerte et froid.

On ne peut prendre la question que dans le sens de l'histoire. Et il n'y a rien de si vain ni de si ennuyeux. Goethe est captif de Winckelmann, comme tout son siècle. Le faux antique règne absolument. Ils se persuadent tous qu'une mauvaise copie romaine a toute la vertu nécessaire pour rendre à l'art la santé classique et le guérir du baroque comme du rococo. Non seulement l'horreur de l'Académie ne les révolte pas : ils n'y sont pas sensibles; ils l'appellent, ils l'admirent. Il n'est sublime figure de Chartres qu'ils n'eussent méprisée, la comparant à n'importe quelle niaiserie glacée de Canova. Ils ne prennent même pas la peine de faire la comparaison : ils se détournent de Chartres; la Reine les attend en vain sur le porche : ils ne la voient même plus. Winckelmann les aveugle à ce point et les égare. Stendhal lui-même a boîté de ce pied-là. Par bonheur, il a l'autre jambe hardie et légère : ce qu'il refuse aux siècles chrétiens, il le rend en partie à l'énergie du Moyen Âge.

Goethe s'est cru peintre pendant quarante ou cinquante ans; il a voulu l'être et il a toujours regretté de ne l'être pas. A son retour d'Italie, il hésite encore; quand à la fin il y renonce, le chagrin qu'il en éprouve est un des plus vifs et des plus tenaces de sa vie. Lui, si plastique en pensée et dans l'art d'écrire, il n'a pas le don de la forme. Il me rappelle ces poètes qui sont si bons musiciens en vers, et qui haïssent la musique. Goethe s'acharne à dessiner, il n'y arrive pas; son dessin est scolaire, appliqué, mort, à la fois sec et mou. Dilettante et critique, Winckelmann le guide et le gouverne toujours.

Son antiquité, c'est Rome qui est la parodie
grossière de la beauté grecque. Devant Giotto,
Piero della Francesca, Masaccio, Mantegna,
Donatello, et tous les plus beaux artistes de l'Italie chrétienne, il est aveugle. Et bien pis, sa
cécité est volontaire. Quant au moderne, la
Renaissance le satisfait pleinement, parce qu'elle
est l'Académie. Ainsi, il ne sort jamais de Rome.
Il n'est même pas Allemand en peinture. Le
moindre des fameux Italiens de la Renaissance,
fût-ce un Carrache, lui semble un bien plus
grand artiste que Dürer ou Cranach. Il a sans
doute vu la *Crucifixion* de Grünewald, à Colmar : il a dû fuir de mépris et de dégoût. Il croit
au génie d'Angélica Kauffmann. La Junon
Ludovisi comble tous ses vœux.

Et pourtant ses principes d'ordre, de
mesure et de méthode, l'idée qu'il se fait de
l'imitation et de l'obéissance à la nature, l'art qui
doit en être l'interprète idéal, la vertu du dessin,
les rapports même de la couleur et des sentiments, toutes les théories de Goethe sont justes
et solides. Il aurait eu le culte de Poussin, s'il
l'avait mieux connu. Après la religion révélée de
Raphaël et Michel-Ange, il va de soi : cette reli-
gion-là ne souffre pas d'hérésie. La préférence
qu'il montre pour Claude Lorrain est le plus à
son honneur. Quant au reste, c'est son goût qui
est en défaut. Lui, si bon juge en poésie et des
œuvres littéraires, ses opinions en art sont justes
et ses choix sont piteux. On dirait qu'il ne voit
pas comme il pense. Tant il est vrai que la doc-

trine n'a pas la moindre valeur en art ni même le moindre sens. On peut être capable d'œuvres admirables en vertu d'une théorie fâcheuse; et n'en produire que de misérables, en vertu d'une théorie admirable.

Goethe dit du dessin : «Le dessin est le plus moral des arts.» Il en ferait volontiers une éthique. Comme toute morale, il exige l'exercice. Goethe a bien le sentiment de la merveilleuse discipline que le dessin suppose et implique. Mais croit-il ou ne croit-il pas qu'on dessine comme on vit ou comme on pense, par don de nature ou par obstination et volonté d'apprendre? Croit-il vraiment qu'à force de travil on peut rendre son dessin meilleur, sans rien changer à sa valeur première, et rien au don qu'on a ou n'a pas de dessiner? Se rend-il compte que le dessin du peintre est tout pareil au style et la projection infaillible de l'homme même? En sorte qu'on n'en a pas plus de génie en cessant d'y être maladroit. Je ne sais. S'il y incline, il n'ose pas le dire. Il cesse de peindre; mais il reste académique; et pourtant, il ne l'est en rien, sauf en art.

Au total, l'art est la passion de Goethe, son obsession féconde et sa méthode; passion admirable et malheureuse à la fois. Il porte tous les dons qu'il n'a pas pour peindre dans l'art d'écrire. En outre, il faut observer, à sa gloire, qu'il est le premier des grands lettrés pour qui l'art, sous toutes les formes, ait été un continuel objet d'étude, un exemple, une perpétuelle et chère émulation. Goethe n'est un peu infirme qu'en musique; pour un Allemand de son siècle, il y est même ignorant. Mais qui, avant lui, si ce n'est Rousseau, a soupçonné que la musique intéresse la pensée, qu'elle n'est pas seulement un métier de baladin, et un art véritable bien plus qu'un jeu de ménétrier et un simple amusement?

LXXVI

Pour le dolichocéphale blond

Quelques jours après la bataille de Valmy, échappant à la déroute, sur les chemins défoncés par la pluie, encombrés de fuyards et de malades, Goethe se sépare de cette armée que la défaite pourrit; il arrive dans une ville riante, aux bords du Rhin; et descendu à l'auberge, l'hôtesse heureuse lui fait compliment de sa bonne mine. Il répond gaillardement aux louanges de la gaillarde; et il se félicite d'avoir une apparence à faire moins pitié qu'envie. Même s'il doit désespérer de l'univers, Goethe est optimiste sur lui-même, comme un Juif; et même sceptique jusqu'à la négation, il croit inébranlablement à sa propre vie.

Il n'a pas l'air sombre : il sait rire; quoiqu'il ait le rire discret. Il ne porte pas le monde en terre avec le diable; mais il cherche le soleil.

Il n'est pas maigre; il n'a rien et ne veut rien

avoir du poète famélique. Il ne se vante pas d'être bien en chair : il en est content. Comme il fête avec beaucoup de soin et de plaisir le jour de sa naissance, même à quatre-vingts ans, il est bien aise d'avoir tous les dehors de la santé.

Tout ce qui l'aide à vivre, et peut en rendre la certitude plus forte, lui est une volupté. Un plaisir modéré lui semble très proche de la vertu. Et il sait faire admirablement d'un plaisir ordinaire une volupté spirituelle.

Sans être ni gourmand, ni gros mangeur, il a bon appétit et l'a régulier. Il ne s'arrête pourtant pas dans la rue à cueillir des saucisses.

La Charlotte lui plaît; mais ce n'est pas seulement la tarte aux pommes. On ne le voit jamais à la brasserie. Il fait faux bond à l'idéal héroïque des estafilades sur la joue et des litres sur la table, à la taverne. Il ne mesure pas l'honneur du sang aux coups de rapière et aux cicatrices. Pour rien au monde, il n'en voudrait à travers son nez, et il préfère d'autres morsures sur ses lèvres. Il étudie toujours et n'a jamais rien eu d'un étudiant.

Il ne se gorge pas de bière; mais il aime le vin. Et le plus beau, il n'en abuse pas.

Goethe n'est pas blond : il a les cheveux noirs, et les yeux plus noirs encore. Il n'est pas rose, comme une sainte et noble tranche de jambon : il a le teint brun au contraire, la peau chaude et foncée. On ne lui voit ni la figure rouge ni le teint pâle, ni docteur ni guerrier. O misère des misères, mauvais air de Francfort : et s'il y avait du Latin, ou, horreur, du Sémite là-dessous? A cette seule pensée, l'esprit recule et la raison s'effondre. Il va falloir envoyer Houston Stewart Chamberlain dans une maison de santé. Hélas, tous les malheurs sont possibles. Et même toutes les hontes.

Il ne porte pas un canon sous le bras, ni un fusil, ni seulement une serviette bourrée de livres. Il est pacifique. Il avoue ne pas savoir se servir d'une arme. Rien n'annonce en lui qu'il ait un métier, fût-ce celui d'avaleur de sabres. Il ne menace personne, pas même les trois tiers et demi de l'Europe.

Goethe a passé par la maladie, et il n'y paraît pas. Il a horreur d'être malade. Dans la vie, il n'est pas romantique pour un sou.

Comme il n'est pas blond, il n'est décidément pas moral. Ni d'ailleurs le contraire. Il porte en tout la présomption de la raison, la mesure et l'étalon de la beauté. Il n'est pas piétiste, ni pour plaire à Odin, ni pour servir Jésus-Christ. Toutes les sortes de barbarie le dégoûtent. Il exècre le tabac et la croix. Il est vrai qu'il déteste aussi l'ail et les punaises. Il n'entend pas brûler les infidèles ni massacrer les peuples de l'Ouest et du Midi. Il adore les Grecs. En vérité, il n'a jamais rien fait pour le pauvre Gobineau, qui a voulu tant faire pour lui. Il ne prétend même pas à la suprême qualité de Lapon. Et voilà pour le divin dolichocéphale blond, fleur de la nature, seul digne du règne, seul digne de vivre.

LXXVII

Goethe universel et pour quoi

Un petit marteau à la main, ou une boîte à herboriser sous le bras; un écran, une bougie allumée, une loupe sur sa table, on voit Goethe au naturel qui fait le géologue, le botaniste, l'opticien sans brevet, sans diplômes, aussi simplement que tout le reste, en homme qui se promène, qui regarde et qui pense. De lui à un autre, la seule différence est qu'il s'intéresse à tout et qu'il a la passion de comprendre la nature. Les pierres, les terrains, les couleurs, les plantes, il cherche la sublime unité au fond de tous les aspects et de toutes les différences. C'est l'acte religieux par excellence de découvrir l'Un Divin dans le mouvement perpétuel des divines variétés. Et tantôt il se livre à la ravissante séduction des apparences; tantôt il s'absorbe dans la contemplation du plan où elles s'ordonnent toutes, où elles rentrent après s'en être séparées. Mais ni les vapeurs changeantes ne lui font oublier l'océan, ni le Père Océan les vagues de la vie et les innombrables nuées.

LXXVIII

Tous les mérites de Goethe, en science, et toutes ses erreurs partent de la même source. Il est aussi peu géomètre que possible. Il ne peut rien penser dans l'ordre de la nature, qu'en fonction de la forme. D'ailleurs, les formes abstraites lui répugnent au point qu'il préfère une erreur fondée sur une apparence plausible, à une vérité un peu abstraite. Avec tout le crédit qu'il prête aux formes, il ne s'élève pas à la figure géométrique et moins encore au symbole; car il ne croit pas qu'on puisse parvenir à la vérité vivante par ce chemin. Il a l'instinct du physicien, mais il n'en a pas la culture. Il semble étranger aux travaux de son siècle; il n'a pas la moindre idée de la physique moderne et de la part capitale qu'y doit avoir le nombre. Il a horreur du calcul; la notion même de l'analyse lui manque. La mathématique est son ennemie, sans doute parce qu'il l'ignore. De là, cette guerre interminable et un peu puérile qu'il a faite pendant quarante ans à Newton. L'optique de ce prince entre les savants lui est un scandale. A la théorie des ondes et des différentes longueurs d'ondes, il oppose sa théorie des couleurs, comme s'il n'avait pas compris ce que le fameux Anglais a voulu dire. Il s'intéresse fortement, avec une clairvoyance admirable, aux travaux de Geoffroy Saint-Hilaire; et on se demande s'il a seulement connu le nom de Fresnel.

LXXIX

Les formes sont tout à ses yeux. C'est la considération des formes qui le mène à ses deux belles découvertes : la métamorphose des plantes et le crâne, dernière et quadruple vertèbre. Là, en sa qualité de poète, il est régi par la métaphore. L'analogie applique autant de fausses vues que d'intuitions réelles.

S'il n'a pas du tout le génie de la mathématique, Goethe , presque seul entre les écrivains de son temps, a le sens le plus aigu de l'évolution. Combien, par là, il domine au-dessus de tous les autres; même des hommes comme Chateaubriand, Byron, Benjamin Constant, et d'autres, s'il en est, non moins illustres, on ne saurait dire d'eux qu'ils sont ses rivaux; ils lui sont trop inférieurs, en trop de manières.

LXXX

Pour Goethe, pas de déduction qui vaille en dehors du concret. C'est ce qu'il faut entendre en esprit, et non pas à la lettre : *cum grano salis,* et même deux.

Il va de soi que ce grand Goethe sait mieux que vous qu'on ne pense pas sans abstraire. Mais il s'agit de savoir jusqu'où l'on va dans l'abstrac-

tion et si elle ne se confond pas dans la connaissance.

L'esprit de Goethe a toujours besoin d'un
objet précis. En tout, il lui faut l'individu. Quelle
leçon pour la fièvre des troupeaux. Si la pensée
de Goethe est condamnée, nous le sommes avec
lui.

LXXXI

Il est bien clair que la science est du général.
Mais dans la science même, il importe de dis-
traire l'esprit qui sait et de le tirer de la masse.
La physique ne l'exige-t-elle pas? Le démon de
Maxwell est plus qu'un symbole.

Faust est le savant qui veut vivre et sortir de
l'abstrait. L'action est la chose concrète par
excellence. Faust entend conquérir la vie en
agissant. Quelle vie? une formule? non, la
sienne.

Toutes les préférences de Goethe le
mènent donc aux sciences de la nature. L'ana-
tomie, la botanique ne sont pas abstraites. Et
il voudrait que la physique ne le fût jamais.
Son inclination serait de forcer toute la
science à être concrète. En quoi il est toujours
l'antidote de la scolastique et le contraire du
Moyen Âge.

Magnifique Goethe. L'esprit d'universalité
qui trouve la forme la plus personnelle : rien ne

me semble plus beau ni plus précieux. Pour un moment, voilà bien Dieu fait homme.

LXXXII

Or, l'esprit de la science est celui de l'Europe. C'est par là que l'Europe est universelle, et ne l'est même que trop, depuis trente ou cinquante ans. Et parce qu'il a porté presque en tout l'esprit de la science, tout en restant poète, Goethe, le grand Européen, a l'universalité.

LXXXIII

Faust a une telle horreur de la scolastique et de l'Université, qu'après avoir fait son pacte avec la vie, il a beau courir le monde, jamais il ne revient dans la ville où il a vieilli, et d'où il est sorti pour voler à la possession de lui-même, à la jeunesse et à l'action. Tout entier à l'instant à venir, il n'a plus une pensée ni un regard pour le passé : il ne le renie même pas, il l'ignore. (D'ailleurs, à quoi bon se soucier de tradition, quand on la porte toute en soi?) Il n'a donc jamais été curieux de revoir son fameux laboratoire, de saluer ses athanors et ses cornues. De la sorte, il s'est privé d'un beau sourire. S'il était rentré, quelque soir de brumaire, dans l'officine aux poudres et aux matras, il aurait vu, enfin! le Verbe fait chair : Homoncule tiré de sa fiole, et devenu docteur à sa place. Je me suis même laissé dire qu'il a été recteur de l'Université, bref le professeur des professeurs.

Homoncule l'aurait tancé vertement d'avoir rompu avec les grimoires; il lui aurait fait honte de ne pas loger une fois pour toutes dans Sirius, autrement dit dans une fiole. Et bien que cet Homoncule soit né de Faust et d'une fausse couche de son esprit, il lui eût montré le plus hautain mépris d'être infidèle au génie de la connaissance. Les Homoncules ne badinent pas avec l'Éternel. Faust a perdu là une bien belle occasion de rire.

Il est évident que le pacte de Faust avec la vie est un traité avec le diable. Tous les Homoncules signent pieusement un contrat avec la mort.

Goethe n'a pas les mêmes raisons que Faust de fuir le docte lieu de ses tourments et de son agonie. Je l'entends parler à Homoncule et à tout l'ordre des cent mille Homonculi.

«Le clerc qui trahit les livres pour aller à la vie, la cherchât-il toujours et ne la dût-il jamais trouver, ce clerc infidèle vaut bien le clerc pétrifié dans son dogme et l'éternelle vanité de son A plus B, au fond de la cellule où il s'admire. Car il ne cesse de s'admirer, avec un regard amer sur tous ceux qu'on admire plus que lui. Il ne lui faut pas moins que sa propre admiration pour souffrir éternellement l'ennui de ce tête-à-tête du même au même, du soi à soi, du serpent dialectique, tête à queue et la queue agrafée à la tête, l'implacable, infaillible et fatale identité.

«L'énergumène, contre qui se bat le Spinoza des Pieds Humides, n'est qu'un fantôme de l'école, une tête de massacre, comme on en voit à la foire, une sorte de femelle noyée dans l'instinct, un de ces ballons qui servent à exercer les poings du frappeur dans les salles de boxe; il veut faire le champion, et il l'est à peu de frais : le ballon reçoit tous les coups et n'en rend aucun. Les victoires du clerc parfait sont de la même qualité. S'il fallait s'en tenir à ses prétentions, ce clerc parfait serait le seul à l'être ou à l'avoir jamais été. Le fait est que d'autres, non moins ridicules ni moins méchants, y prétendent aussi; et le spectacle de les voir s'arracher la sublime qualité de clerc sans tache les uns aux autres est le plus réjouissant du monde.

«– L'intelligence est à moi, dit l'un.

«– Non, à moi seul, crie l'autre comme un sourd.

«Et un tiers la conteste à tous les deux :

«– C'est moi, fait-il, qui parle pour l'esprit.

«Ainsi, le clerc parfait arrive à nous faire rire, qui n'est bon, le reste du temps, qu'à nous faire bâiller d'ennui.

«Mais quoi? Et qui sait si un animal du genre homme, tout plongé dans l'espèce, n'a pas quelque prix certain, quelque réalité vivante que n'aura jamais le Thomas de Vaugirard et le Spinoza des Pieds Humides? En tout temps, ceux-là sont les scolastiques. Et le thomiste rabâ-

cheur à perpétuité n'est pas moins un être de
raison que le clerc infidèle et vendu au diable de
la vie, que le clerc parfait chasse de son église, en
le maudissant d'être traître à l'esprit.»

LXXXIV

Rêve et vie
Vie et délivrance

L'idée que notre Goethe se fait de l'art tient
à l'une des vues les plus justes et plus profondes
que l'artiste se puisse faire de lui-même et de la
création. Elle va même plus loin que l'homme, et
une métaphysique y est incluse.
La poésie est délivrance.
L'homme se libère du fardeau, en créant.
Peut-être doit-on se délivrer du bonheur
comme de la peine. Le bonheur asservit, et la
peine trouble, enchaîne ou corrompt. En tout
cas, il faut se rendre libre de la douleur et de
tous les excès que le désir déçu, la souffrance et
les passions non satisfaites condensent en orages
au ciel de notre vie.
La délivrance de Goethe est du même ordre
que la purgation d'Aristote.
Le Dieu lui-même n'a peut-être créé le
monde que pour se libérer de l'excès de sa puissance. Le pouvoir crée l'action; l'œuvre suit.
Cette sorte de fatalité est au fond de l'âme et de
la dynamique allemandes.

Dans Goethe, le sens de la vie précède le sens de l'art et le porte. L'art n'est rien sans la vie. L'artiste est peu de chose sans l'homme.

Une vie médiocre ne peut pas plus donner une grande œuvre d'art qu'une terre stérile une belle récolte.

Comme notre pouvoir est la seule limite de notre droit, notre énergie est la mesure et la cause de notre action.

Goethe est plus ancré dans la vie réelle, il y a de plus fortes racines que Shakespeare.

C'est dans Shakespeare et Wagner que je trouve une idée plus pure encore de la poésie : elle est essentiellement créatrice. Le musicien comble le néant. Le poète contemple avec un sourire toutes les visions dont il le peuple.

Le poète ne délivre pas seulement sa vie propre : il accomplit toute vie. Il lui prête la seule réalité que l'illusion universelle puisse admettre.

Il élève une vie plus libre et plus belle au-dessus du vain mensonge de celle-ci, que tout corrompt, que tout enchaîne. Il fonde enfin la seule vie qui ne soit pas condamnée dès l'origine : la vie du rêve.

Et certes, puisque tout est fait de l'étoffe d'un songe, le rêve de l'art est bien plus vrai que celui de la vie.

LXXXV

Goethe et le pensum

A mainte reprise, dans ses *Lettres* et son *Journal*, Goethe en robe de chambre parle de sa paresse à écrire. Il avoue même qu'il y va souvent comme à la corvée. Je ne sais s'il ne donne pas au travail de l'œuvre le nom odieux de pensum. Entre tous les écrivains et tous les poètes, Goethe est le plus riche de grands ouvrages; et certes, qui peut mettre en doute son activité spirituelle? Il semble que les autres dorment ou s'amusent à des riens, tandis que Goethe veille. Et pourtant il est bien vrai qu'il s'ennuie d'écrire et qu'il paraît las d'achever. Que j'aime cette sorte de paresse toute vive dans le plus laborieux des hommes, et voué de tout temps au plus beau labeur. Comme j'admire cette lassitude féconde, et comme je la comprends. C'est le dégoût de tout métier, et l'heureuse indifférence à l'opinion des hommes. Il n'est pas artiste pour eux, ce Goethe, mais pour lui-même. Il n'est pas poète pour leur plaire ou les enseigner, ni même pour les vaincre : il fait poème pour se délivrer du monde et de la poésie même, comme le pommier fait ses pommes. Mais le pommier n'a pas conscience de son action; et Goethe est toute conscience. La grandeur unique de Goethe, qu'il ne partage qu'avec le seul Wagner à quelque degré : la conscience et l'intuition sont, en lui, fonction l'une de l'autre. Il sait tout ce qu'il fait et comme il le fait, et comme il faut le faire ; et il l'accomplit comme s'il ne s'en doutait pas. A l'œuvre, toujours à l'œuvre, sa nature puissante l'exige ; mais il rechigne à l'exécuter. Chercher, concevoir, créer pour lui-même, voilà son plaisir et sa mission. Rédiger, arrêter tous les termes de l'imagination, fixer tous les mouvements de la forme, voilà son ennui et la corvée.

Jamais sa pensée n'est déserte d'œuvre. Il invente, il imagine toujours. Il commence sans cesse. Mais la tâche ingrate est d'achever. En somme, l'œuvre qu'un tel homme accomplit le borne et l'empêche ; elle le détourne de toutes celles qu'il porte encore et qu'il pourrait faire, s'il ne fallait leur donner l'espèce de perfection nécessaire à tout ce que l'artiste tire de soi et qu'il doit montrer aux autres.

Goethe est ici le père vénérable dont je baise la main et dont le regard me console. Une fois de plus, il me donne l'exemple et que la seule affaire est de vivre pleinement, pour la grandeur et la beauté. Il ne s'agit pas de peindre, de chanter ni d'écrire : il s'agit d'être. Que les œuvres nous soient asservies, et non pas nous serfs des œuvres. Noble Goethe, de tous les grands hommes celui qui ment le moins et qui n'a jamais moins menti qu'en cette occurrence. Son conseil est le plus beau, celui auquel toute la nature obéit parce qu'elle ne pense pas et qu'elle a l'air de ne pouvoir plus suivre, dès qu'elle pense. Goethe est la nature qui a pris conscience, qui se nie où il faut, et où il faut divinement s'affirme. Goethe disait : «Ose être heureux», et ne le fut sans doute pas. Après lui, en écho dans le silence de sa grande voix, je dis : «Ose vivre.»

LXXXVI

Si Goethe fût mort avant ses soixante ans, nous n'aurions ni *Faust,* ni les *Mémoires,* ni *Wilhelm Meister,* ni le *Divan,* ni même les *Affinités électives.* Quoi donc? *Iphigénie* et *Tasso* exceptés, Goethe ne serait pas Goethe. Quel deuil pour le genre humain! Mais non pas pour Goethe. Cessant de vivre à soixante ans, il n'eût pas été moins Goethe pour lui-même : triomphe qu'il avait dès lors obtenu par sa façon de vivre et de prendre son temps, et que ses œuvres n'eussent pas encore arraché aux hommes. Tans pis pour eux, même si c'eût été tant pis pour lui. Les gens de métier, tous ces esclaves, ne sont pas capables de le comprendre. Je n'écris ni ne pense pour eux.

LXXXVII

Ose être

Que l'homme est rare en ce monde plein d'ombres! Ils sont à peine quelques-uns, qui vivent parmi des morts. De ceux que j'ai connus, qui vivaient un peu entre vingt et trente ans, à peine si deux étaient encore vivants à quarante. Ils étaient ensevelis dans les tombeaux de la famille, de l'argent, de la réussite, bons pères, momies à revenus, membres d'une académie, que sais-je? Une tête dans trois ou quatre troupeaux : un seul ne saurait leur suffire.

Goethe ne vit que pour la grandeur. Et la grandeur pour lui consiste à se créer soi-même, à s'élever toujours plus haut sur un plan supérieur. Telle est sa morale.

Non pas la grandeur du rang, de la fortune, ou de quel ordre que ce soit dans la matière : la grandeur intérieure, celle par où un homme s'accomplit en accomplissant son destin de créateur, par-delà les accidents misérables du succès, de la famille, du rôle social ou de la vie prospère. Tous les pharisiens attendent Goethe à ce carrefour. Ils le guettent pour le faire trébucher sur l'une ou l'autre de leurs maximes. Ils lui reprochent son orgueil et sa cruauté égoïste. A leur yeux, il n'est ni bon citoyen, ni bon père de famille, ni digne académicien. Il ne leur rit pas au nez. Et même Goethe souffre un peu de leur défiance. Mais il rit d'eux intérieurement, avec moins de mépris que de colère, parfois, et d'ennui.

Ils ne savent certes pas ce que cette fidélité à soi-même coûte. Combien de luttes, combien de sacrifices, et cette lassitude infinie qui prend le vainqueur après le combat.

Au bout du compte, ce que cet égoïste doit se reprocher le plus n'est pas d'avoir abusé des autres, et de les avoir immolés à sa plénitude; mais, au contraire, de ne l'avoir pas fait, quand il aurait pu ou dû le faire, d'avoir cédé plus d'une fois aux lâches conseils de la sympathie, d'avoir trahi son propre désir et sa mission propre par égard et pour venir en aide aux autres. Le crime est d'être infidèle à sa grandeur et à l'action dure qu'elle exige. La grandeur est la vertu, et il faut la servir.

Cet heureux Goethe a eu ses accès de néant. Il a maudit la joie. Le pacte de Faust avec le Malin est le traité du désespoir avec la vie. Se livrer au destin, mais non sans en avoir du moins tiré tout ce qu'on peut. A vendre son âme, on s'engage à jouir de l'heure présente : le présent est ce plat de lentilles qu'Esaü le goulu, le membru, troque en échange d'une nourriture idéale. Vivre et se perdre; mais du moins se perdre en vivant.

Pas plus que Faust, Goethe ne s'en tient là. Il consent à passer de douleur en douleur, et de joie en joie, pourvu que l'une des spirales mène à l'autre.

La volonté d'être heureux se réduit à la volonté de se donner, soi-même à soi, une sorte de bonheur. Cette création est un art propre à l'homme.

Comme l'appétit du néant est le terme du désespoir, l'aspiration au grand calme, à l'honneur de la paix qui contemple est le terme de

tout ce que nous pouvons nommer notre bonheur. «J'ai aménagé un port à l'abri de tous les
vents, dans une sûre rade : viennent toutes les
tempêtes au large, je ne m'y dérobe pas.»
De toute manière, nous tendons à nous
accomplir, autrement dit à nous quitter. Celui-là
reste dans le plus dur et le plus âpre désert, qui
lui-même ne se déserte.
Allons, quelle que soit la vie, elle est bonne :
et pourquoi? – Parce que je vis.

LXXXVIII

Goethe optimiste et pessimiste

«S'accepter tel quel» est une des maximes
capitales de Goethe. Une certaine volonté d'être
optimiste a toujours obéi, plus ou moins, à ce
précepte. D'autre part, elle le détermine. Par là,
l'homme s'accorde avec le monde. A tout le
moins, entre les deux destins un accord apparent
s'établit. S'accepter tel quel, rien n'est moins aisé
à une grande conscience. Là comme en tout, la
pensée est la mère féconde en douleurs. Sinon,
le conseil est un peu facile.
Et d'abord, il n'est pas trop dur de s'accepter soi-même quand on est Goethe, ou César, ou
Hélène. Ceux-là, même s'ils ont leurs peines, ont
toutes les compensations de la grandeur, de la
puissance, du génie et même de l'immortalité.
Le rude, le noir, est de persuader à George

Dandin, à Triboulet, à Caïn qu'ils s'acceptent. Il est plus utile au monstre de s'accepter qu'à l'être divin. En général, la nature y pourvoit; elle l'y force, elle l'aveugle, elle brouille en lui la conscience à tel point qu'il est le cyclone de ses propres ténèbres; au fond, le véritable Œdipe naît aveugle : il n'a pas besoin de s'arracher les yeux. Judas ne s'accepte pas : en dépit de toutes les injures, c'est sa noblesse. S'accepter soi-même, dans sa pleine horreur, il faut convenir qu'un dieu seul peut imposer à l'homme de se faire une telle violence : *Fiat voluntas tua.* Mais au nom de la nature et de la nécessité? C'est plutôt le contraire. Et une conscience forte tend moins à s'accepter dans sa misère qu'à tout détruire.

Remarque : l'horreur n'est pas moins dans la peine que l'ignominie dans la douleur. Pour qui exige la puissance et la conçoit, l'impuissance, quelle qu'en soit la forme, est un crime contre lui qui porte l'individu à se venger de tout l'univers. Erostrate est le héros de cet ordre, et le prince des critiques : faute de pouvoir être l'architecte du Parthénon, il brûle tous les temples. La destruction seule est un remède à l'inégalité. C'est pourquoi toutes les Églises, dans tous les temps, s'efforcent avant tout à maintenir les hommes dans leurs destinées iné-gales, à en obscurcir la conscience, et à leur faire un devoir suprême d'en accepter la cruelle ini-quité.

Se passer soi-même est le contraire de s'accepter. Bien plus qu'en se rejetant tout à fait, on se refuse en s'exerçant au terrible effort d'aller toujours au-delà de soi.

Tout progrès de l'individu et par lui de l'espèce consiste à ne pas s'accepter. L'homme n'aurait pas cessé de se pendre aux branches de la forêt, s'il n'avait pas, un jour, refusé d'y vivre suspendu.

LXXXIX

L'homme le plus libre

Sa liaison avec Christiane Vulpius est une des plus longues épreuves où le destin ait soumis Goethe et où son caractère se soit affirmé d'une façon plus décisive. Au retour de son fameux voyage en Italie, Goethe s'est délivré une fois pour toutes de son grand amour; Mme de Stein n'a pas voulu le partager : adieu au plus beau rêve. Elle a rempli sa mission : elle a élevé Goethe dans la sphère supérieure de l'amour véritable, sans consentir à l'union parfaite, qu'avec une patience et un zèle incomparables Goethe a poursuivie pendant neuf ans. Son service dans le château de l'idéal passe de loin celui de Jacob chez Laban.

Une jeune fille, qui a vingt ans de moins que lui, toute brillante, toute fraîche, un blond printemps aux yeux de myosotis, devient aussitôt sa maîtresse. Qu'elle soit sans aucune fortune, sans relations et de la condition la plus humble, peu importe à Goethe. Si, par la suite, il doit lui importer beaucoup, ni son cœur n'en est changé, ni son jugement ne s'en est ému. Christiane fait son affaire : il ferait beau voir qu'elle ne fît pas la nôtre. Elle est près de lui la jeunesse, la gaîté, le dévouement fidèle et la plus douce admiration, celle que toute la vie exprime et que les lèvres n'ont pas besoin de formuler en paroles. Plus que tout enfin, elle est la simplicité; pour nous, le charme suprême de la femme sera toujours de nous rendre la nature.

Cependant, tout le monde le blâme, la Cour et les bourgeois, et plus tard Schiller, ce brigand devenu docteur. Christiane est au ban de l'opinion; il faut qu'elle se cache : en a-t-elle souffert? On ne le sait point et il n'y paraît pas. On la montre au doigt. L'amitié du grand-duc a fait alors le salut de Goethe. A la fin du dix-huitième siècle, Weimar comme toute l'Allemagne est encore un grand village. La vie et les mœurs de chacun y sont épiés par tous. La morale religieuse se donne tous les droits de condamner et n'admet pas d'excuse. Sortir de la règle est à peu de chose près entrer dans le crime, se perdre dans l'estime générale et se mettre soi-même au lazaret. A présent, nous y mettons les pharisiens de préférence. Pas plus que Goethe, nous ne craignons un heureux amour.

Tout d'abord, cette belle, cette lumineuse fille du Nord et du Soleil a merveilleusement apaisé Goethe, en lui rendant la santé amou-

reuse : quand le plaisir égal et sans combat peut
guérir la passion sans issue, il n'est pas de meilleur médecin. La bête est assouvie, elle dort et
ne parle plus. Ce silence nocturne est une béné-
diction pour les travaux du jour.

L'âge était venu pour Goethe : Christiane
l'a sauvé des amours de rencontre. Ce grand
homme, grand amoureux, a trop d'imagination.
Mme de Stein l'a initié trop ardemment aux
plus belles formes de l'amour pour qu'il ne soit
pas très timide. En Italie, où il est mille fois
moins épié qu'à Weimar, sa timidité reste sur-
prenante. Il n'a guère là-bas qu'une ou deux
liaisons, avec des femmes sans culture et sans
prestige, plus voisines des servantes que des
dames.

Puis, elle a délivré Goethe de tous les soucis
domestiques. Elle l'a débarrassé de la vie matérielle. Jamais Christiane ne refuse le service, et
elle met son grand honneur féminin à servir.
Après celui d'élever un homme dans l'ordre
d'une beauté supérieure, quel honneur pour
une femme est comparable à celui-là? Ou Béa-
trice ou Christiane : un grand homme ne peut
avoir un autre ménage. Il n'a pas besoin d'une
rivale à domicile, ce qu'elle ne manquerait pas
d'être, assurée qu'elle l'est, ne le fût-elle pas.
Moins encore lui faut-il une femme à mille
intrigues sentimentales, dont il est le noyau fatal,
à plis et replis, à doutes, à querelles, à reproches
et à retours. Un grand esprit est bien trop
complexe pour lui-même, sans se donner la

charge de débrouiller l'écheveau d'une femme qui mêle sa personne, ses intérêts, ses humeurs et les ruses de ses passions à l'œuvre de l'homme. La complication d'une femme, à demeure chez lui, est la peste pour un homme de ce style. Et surtout qu'il ne soit pas question entre eux d'égalité : ce mensonge est trop funeste; l'égalité ne peut se faire qu'au niveau le moins haut, sinon le plus bas.

Christiane Vulpius sait tout ce qui plaît à Goethe, ce qu'il faut faire en tout temps pour lui donner ses aises et la paix. On la traite de cuisinière, parce qu'elle soigne la table de son mari, et sans doute aussi, ayant pris de l'âge, parce qu'elle a un faible pour la bouteille. Assurément, Goethe l'a choisie à vingt ans et non à cinquante. D'ailleurs, un bon pâté bien cuit vaut beaucoup mieux qu'une mauvaise remarque littéraire. Tous les griefs qu'on veut avoir contre Christiane sont indignes du respect qu'on doit à Goethe. La femme qui l'a satisfait pendant un tiers de siècle doit vous satisfaire. Et si elle ne vous contente point, nous n'en mourrons pas.

Comme la plus simple femme du peuple, Christiane est toute simple. Peu de mérites passent celui-là; et dans une grande dame, de toutes les grâces, c'est la plus exquise. Quel bonheur pour Goethe de n'avoir pas rencontré les Staël, les Duras, les Récamier, les Noailles de Chateaubriand! Et quelle misère pour Christiane, si elle eût été distinguée par le noble vicomte : mais il n'eût jamais daigné avoir un

regard pour elle. Tout est affecté dans Chateaubriand; rien ne l'est dans Goethe, ou presque.
    D'ailleurs, Christiane a la force populaire.
Elle est pleine de courage. Après Iéna, dans
Weimar envahi, elle tient tête aux soldats de
Napoléon. Elle agit, tandis que Goethe, inquiet,
se retire et se cache. Elle met la maison à l'abri,
et même la cave. C'est alors, dans le tumulte des
armes et le chaos de ces jours troublés, qu'après
vingt ans de vie commune, Goethe épouse Christiane et légitime leur union.
    Ni soumission à la coutume des pharisiens,
ni guerre ouverte au préjugé sinon à la morale
établie, si Goethe a fait scandale, nul ne l'a
moins voulu que lui. Le scandale ne vient pas de
lui, mais des autres, de leur niaiserie et de leur
servitude : l'injustice est fort souvent l'effet de
ces deux causes. Marié légalement avec Christiane, Goethe ne rentre pas en grâce : les pharisiens tolèrent ce qu'ils ont maudit; ils n'en ont
pas beaucoup plus d'indulgence pour Goethe ni
plus de respect pour sa compagne.
    Goethe, là-dessus, regarde fermement le
troupeau, ne dit mot et passe. C'est l'homme le
plus libre : car il ne brave pas. Il fait ce qu'il
veut, sans rien tenter contre les autres. A quoi
bon? Là aussi, maître de tous, parce qu'il est
maître de soi. Et digne de la liberté qu'il se
donne, parce qu'elle est en lui l'exercice de la
maîtrise. Il le dit assez :
    «Car j'ai mis mon espoir dans les seules
étoiles.»

XC

Vertu humaine de Goethe

Quand on pénètre plus avant dans la vie de Goethe, et qu'on va un peu au-delà des apparences, on trouve toujours l'homme : il est égal à son œuvre. On le dépouille sans peine de sa légende : on écarte l'inutile apparat dont on l'entoure. Il est bien plus vrai que ces portraits guindés au front couronné de lauriers, à l'air inspiré de grand bourgeois prophète. Cette roideur de statue, cette majesté sotte, cette fausse grandeur à l'antique, Goethe n'est pas là, même s'il s'y prête : le ridicule n'est pas pour lui, mais pour le faux art de Thorwaldsen et de Canova.

Goethe est fort simple, et comme on ne l'est plus à présent. Le moindre grimaud à la mode vit avec plus de faste et plus de luxe que ce grand homme. Ces petits talents font mille fois plus de bruit que ce puissant génie. Ils ne voudraient pas de sa maison, de son aisance bourgeoise, de son train modéré. Ils feraient fi de sa bibliothèque et de ses collections. Le premier venu de ces imbéciles le traiterait de bourgeois, avec tout le dédain qu'il faut attendre de polissons qui se traînent aux genoux de Corydon et de Staline. Ou mieux encore, ils croient entrer dans un temple, quand ils ont une place dans un journal ou une revue, où une douzaine de jeunes pédants et de professeurs grimés en philosophes prétend faire la loi à l'esprit humain.

Goethe n'a rien de ce génie mercantile, ni de cette impudence, ni de leur perfide habileté. Il ne triomphe pas, comme eux, de la douleur et des tourments d'autrui, non pas même de ceux qui pourraient être ses rivaux, s'il était possible qu'il en eût. Encore moins en jouit-il. C'est là que Schiller, si inférieur à Goethe de toutes manières, s'est montré le moins digne de lui.

XCI

Simple, mais de bon ton, et toujours réservé. Goethe déteste la familiarité. Il n'est pas bon garçon, pas plus qu'il n'est hautain ni héros de parade.

Il ne distribue pas des prix et on ne lui en décerne pas. On ne l'appelle pas Maître; on ne lui envoie pas du sublime poète dans le nez, à tout propos. Ces mœurs de tréteau ne sont pas les siennes. Il fait peu de gestes. Il ne harangue pas en public, il ne crie ni ne tempête. Jamais il n'a cru nécessaire d'être mal élevé. A quatre-vingts ans, il est exact à tout rendez-vous. Prié à dîner pour huit heures, on ne l'admirerait pas d'arriver à table après minuit; il rougirait des stupides esclaves qui prendraient cette stupide indécence pour un signe de génie. Il ne plante pas le drapeau de la hardiesse dans les excréments, et dans la grossièreté celui de l'âme libre. En retour, lui qui sait parler au peuple et aux petites gens, il ne tutoie personne. Par tous les traits, cet homme admirable est le contraire de nos chiens de talents.

XCII

Dans son conflit avec Beethoven, ils n'ont sans doute tort ni l'un ni l'autre pour le témoin qui les observe de Sirius. Beethoven a raison pour Beethoven, soit. Mais Goethe a raison pour tout le monde. Beethoven est intolérable. Sa superbe épaisse l'aveugle. Son orgueil est tout plébéien : car il l'affiche. Quant à sa liberté, elle sent la même caque de hareng moral et populaire. Il en a donné mille preuves, au cours de sa vie. Quoi de plus laid et de moins généreux que son acharnement contre sa belle-sœur, la veuve, mère toujours maltraitée du fameux neveu Charles? Le crime de cette pauvre femme est d'avoir un amant. Là-dessus, Beethoven délire de vertu. Schiller en fait presque autant, à l'occasion de Goethe lui-même. Ces grands suppôts de la liberté sont bien vermoulus de préjugés. Pharisiens! Ils le sont dix fois plus que M. le Conseiller Goethe qui ne revendique rien, qui ne se donne pas pour un héros de l'indépendance, et qui ne fait pas la guerre aux tyrans. Il ne croit surtout pas avoir remporté une grande victoire en ne rendant pas leur salut à des princes régnants qui l'ont salué.

XCIII

Goethe a plus d'esprit qu'aucun autre Allemand.

Nietzsche, plus brillant, beaucoup plus amer et plus dur, n'a pas cette ironie tranquille de Goethe, et cette façon si heureuse de laisser le patient au moment où on pourrait en faire une victime. Même où il est un peu cruel, Goethe n'est pas méchant.

Il est presque timide avec ce qu'il aime. Sa conscience profonde nourrit son imagination; et dès qu'elle est émue, son imagination invente tout le drame ou la comédie de l'amour, voire la farce qui le déshonore si souvent.

Goethe met très haut l'objet de son amour, parce qu'il veut aimer hautement. Dirai-je qu'il faut porter le même sentiment dans l'amitié et la même tactique?

XCIV

Dans sa grande force et son immense étendue, toute sa dynamique n'empêche pas Goethe d'être modéré où il faut. Son courant est puissant, mais il n'est pas vite. Son flot est parfois irrésistible, sans jamais tourner au torrent. Il est pacifique. Il ne perd pas la mesure : il s'arrête dans l'excès, ou plutôt il se suspend. S'il déborde ses rives, à la fin, il irrigue la campagne, il ne l'inonde pas. J'aime ce grand fleuve qui se rend lui-même navigable de bout en bout.

Si Allemand qu'il puisse être, il s'est plié à un ordre; il s'est donné une discipline. Sa règle est prudente; elle est ferme jusque dans l'éclat de la passion : il calme ses orages, il les retient en vue de la récolte.

Ce grand fleuve Rhin de Goethe n'est plus une barrière, mais un passage, un pont toujours vivant entre les deux rives.

Goethe est le grand conciliateur du monde germanique et de l'Occident.

XCV

Il a quelques-unes des grâces et presque toutes les vertus de l'être supérieur. Il n'est ni modeste ni orgueilleux; il est simplement ce qu'il est : durable entre tout ce qui ne dure pas et ce qui mérite de durer.

XCVI

Nos réincarnations sont en nous, et tous nos recommencements. Qui ne les épuise pas se perd par excès de richesse. Trop de fortune nuit, et pas assez.

Les Hindous vont par métaphores : leur esprit est dangereux parce qu'ils métaphorisent l'abstrait et ils dissolvent l'abstrait dans les images sensibles. La métaphore, en philosophie, est le mensonge du concret. De là, tant de confusions : ils font le mystère comme la seiche en danger répand son nuage; mais c'est toujours sur la conscience. L'abstraction véritable est féconde, c'est la mathématique : l'abstrait exige des géomètres et non des grammairiens ivres de lexique et de syntaxe. Les Hindous sont grammairiens et logiciens à vide. Leur métaphysique nuageuse les comble d'une satisfaction pareille à l'opium : ils n'y sont plus, croyant tout être. Et leur logique est le moulin à prières de la pensée.

Ils font avec l'esprit la même erreur que les savants de l'Occident avec la matière. Ceux-ci, plus grossiers et bien plus puissants; ceux-là, plus subtils et plus perspicaces, peut-être. Les Hindous se vantent de posséder la nature en maîtres; mais on n'en voit pas les effets. La science de l'Occident maîtrise la nature; mais elle ne perçoit pas les causes de sa puissance; et même elle les nie encore plus qu'elle les méconnaît. L'Orient pressent ou devine; il ne peut rien accomplir en Science, parce qu'il n'a pas la méthode. Certains aveugles, leur nuit est traversée d'éclairs; ainsi, la métaphysique de l'Inde et de la Chine. L'éclair dans les ténèbres n'est pas la lumière du jour. Descartes est ce qu'il y a de plus étranger aux philosophes de l'Orient; il est dans son poêle avec ses compas; eux, sont toujours à Dodone.

XCVII

Il y a sans doute un progrès, comme il est un accroissement dans l'ordre de la Science. Il en peut y avoir un; mais il n'est que de l'espèce, et pour l'espèce. Le moi n'a qu'un temps. L'individu n'a qu'une vie. Car enfin qu'est-ce que l'individu, qu'est-ce que le moi, sans la conscience? Rien n'est plus hideux que ces morts innombrables et successives dont nous menacent les Hindous. Or, si le moi est une mémoire et s'il a été une fois, il peut être toujours.

XCVIII

Cri de l'éternel Pascal qui n'a que faire d'être chrétien : O Dieu, ô mon âme, ô éternité, cruelle volonté d'être, soif insatiable, insomnie à jamais inapaisée, qui pleurera ce vide infini? Qui comblera ce néant? – Toi en moi, Moi en toi.

XCIX

Il n'y a que la victoire pour voiler le néant. Il n'y a que l'amour pour faire croire à la vie. Quitte même à se dégoûter de vaincre, on se sera tiré du néant dans le temps qu'on aura vaincu les hommes. Et quitte à tout perdre, en perdant son amour, du temps qu'on aimait on aura vécu.

Celui qui aime la pensée avec passion, celui-là veut à la fois l'amour et la victoire. Peut-être à son insu; mais toujours, dans le fond. Il ne faut pas se méprendre sur sa propre vérité. La connaissance est un Olympe : les dieux s'y retirent pour jouir d'eux-mêmes, quand ils ont fini leurs grandes aventures de guerre et d'amour, avec les mortels et les mortelles, quand ils se reposent d'avoir couru le monde et de l'avoir vaincu.

Folie de croire à rien hors de soi et de sa propre vie. Ou Dieu et soi; ou soi et rien.

C

Goethe et la musique

Pour un Allemand, Goethe aime peu la musique. Elle n'est pas un besoin pour lui. Elle tient peu de place dans son œuvre. Faust, artiste de l'action, touche à tout plutôt qu'à la musique. Des vingt hommes qui sont en lui, pas un n'est musicien. Si Goethe aime vraiment la musique, il ne l'aime pas comme nous. Notre façon n'est pas la sienne. Un petit goût, qui ne dure pas, ne peut se comparer à une grande passion. Zelter fait l'affaire de Goethe plutôt que Beethoven. Il se méfie du génie musical. Il préfère le virtuose à la grande œuvre.

Tous les musiciens du siècle se sont jetés sur lui, du jeune Beethoven à Hugo Wolf et à Richard Strauss. Ils veulent tous l'épouser. A mon sens, Schubert excepté, tous les musiciens ont trahi Goethe. Les divers *Faust* sont tout ce qu'on voudra, sauf le héros du poète. Goethe est un piège pour les musiciens; et la musique un piège pour Goethe.

C'est que les plus beaux lieds de Goethe se passent de musique. La mélodie les dénature : ils doivent toujours y perdre. Ils sont pleins d'une émotion qui est l'effet de la musique verbale et du branle admirable que l'harmonie des vers et des images imprime à la pensée. Cette émotion se suffit à elle-même.

CI

Goethe en Italie n'a pas un mot pour la musique, pas même pour celle-là qui aurait dû lui plaire, cette musique toute de divertissement, de plaisir sensuel et de jeu vocal. Qu'on se rappelle à quel point le président de Brosses en est avide, et combien Stendhal en délire ; parfois même, le goût de la musique et une partialité passionnée du sentiment égarent un peu leur esprit ; eux, qui ont eu plus d'esprit, peut-être, que personne en France, la fureur de la musique les mène presque au ridicule. Goethe n'aime ni l'orchestre ni la symphonie. Et son culte du théâtre l'éloigne de l'opéra. Il ne se doute assurément pas que la *Flûte enchantée* n'a guère moins d'importance dans l'art allemand qu'*Iphigénie.*

CII

On n'aime pas la musique : on l'adore ou on la hait. Bien pis : on en a besoin ou l'on s'en passe. Et qui peut s'en passer ne l'a jamais aimée.

La musique est un appétit de l'âme non moins insatiable qu'irrésistible. L'âme, parce qu'elle est à la fois corps et esprit, réclame l'émotion : c'est la forme de la passion pour elle. L'intelligence et la sensibilité s'unissent ici ; et fût-ce dans les proportions les plus inégales, elles semblent se confondre. Voilà pourquoi l'émotion est le signe de la vie musicale. Dans l'émotion, l'intellectuel et le sensible, le sentiment et la notion se rencontrent, se pénètrent et ne font qu'un, comme les deux moitiés de l'amour dans le dithyrambe d'Aristophane. Cette intuition profonde ou ailée, tout absorbée ou toute légère, est la connaissance propre de l'art. Elle est complète pour l'artiste, et elle n'a pas de sens pour celui qui ne l'est pas. Là, deux mondes se séparent : celui de la création et celui de la logique. Un artiste, fût-il le plus rigoureux des architectes et le plus savant en son métier, n'a jamais rien créé par raison ; et jamais logicien n'a fait œuvre vivante.

C'est dans la musique surtout que l'essence de l'art se révèle, et comment le premier et le dernier mot restent à la puissance de la vie. L'émotion en est le moyen et l'effet tout ensemble.

CIII

Chacun a les émotions qu'il mérite ou, si l'on veut, celles qui tiennent à sa nature et dont son potentiel est capable. La musique, disais-je, est un appétit irrésistible. Mais il est jaloux, plein de préventions et d'injustice. Les uns sont avides d'une nourriture qui rebute les autres ; et ce qui répugne à ceux-ci jusqu'à la nausée fait les délices de ceux-là.

Une grande et puissante musique, même et surtout si elle est un prodige de calcul, si une logique souveraine la porte et l'élève, déconcerte les âmes faibles qu'une musiquette ravit. Qu'il s'agisse de Bach, de Wagner, de Claude Achille ou de Stravinsky, les sots commencent toujours par traiter de mathématique et d'algèbre les chefs-d'œuvre de l'architecture musicale.

Une nature sensuelle se plaît surtout au rythme. La nature sentimentale exige partout ce qu'elle appelle la mélodie. Même entre les âmes musiciennes, ils sont rares ceux qui, nés pour la musique, la sentent assez fortement pour ne pas méconnaître la mélodie dans l'harmonie même. L'appétit musical de la plupart ne va pas au-delà du divertissement. Goethe est de ce nombre. Le tragique de la musique, l'émotion profonde qui est en elle et qu'elle déchaîne lui inspirent une défiance obstinée, ou même une sorte de rancune. La toute-puissance de l'harmonie lui fait peur, et d'autant plus qu'elle lui reste confuse. L'harmonie musicale lui semble le contraire de celle qu'il poursuit partout; elle est le volcan des passions, elle submerge les belles lignes de la culture sous les laves, tandis que l'harmonie de Goethe entend faire l'ordre et la paix des passions dans le calme. Longtemps, il n'a pas cru au démon de la musique, et n'a donc pas eu à y prendre garde; la musique de divertissement

était la seule qu'il connût et où il fût sensible.
Plus tard, il a soupçonné l'autre; il l'a ren-
contrée dans Beethoven, sous sa forme la plus
éloquente, la plus pathétique, la moins discrète :
non pas un plaisir aimable, mais une religion
impérieuse, une mystique de la passion. Il s'en
inquiète et s'en irrite. A mesure qu'il vieillit et
que l'apaisement lui est plus nécessaire, cette
grande voix du trouble couvre plus d'espace.
Jamais il n'a pu rendre justice à un art qui fait
revenir à la surface le fond indompté de
l'homme, qui rompt tous les liens de la loi et de
la coutume, qui rejette tous les freins pour laisser la parole au tonnerre des éléments et aux
flammes de l'instinct.

Goethe ne veut pas céder de son ordre à
Beethoven, ni à Schubert, ni à Weber, ni à
aucun de ceux qui partent de ses poèmes, non
pas pour les accomplir dans la sphère où les
sentiments se dépouillent et où le calme de l'esprit les fixe, mais pour les rendre au chaos ori-
ginel, à la matrice des passions, à ces volcans
d'où elles surgissent au sein mouvant des
ténèbres.

CIV

Sceptique et vrai

Goethe est un peu solennel, et le fut dès
l'enfance, parce qu'il est bien en chair, sérieux et

fort, et aussi parce qu'il est un peu lourd. Mais
l'ironie le porte et le sauve de la pesanteur : il
n'est pas léger; il est désencombré de dogmes;
ses pieds ne traînent pas les boulets de la théorie.
Goethe est sceptique. En quoi on l'a peu
compris; et, si on le comprend, on se méfie de
lui. Par là, il a révolté bien des gens dans l'an-
cienne Allemagne : sans l'oser dire, dans les
prêches et les spéculations de Schiller, il y a une
pointe contre le sceptique. En vérité, de tous les
Allemands, Goethe est le moins docteur. S'il y a
leçon dans ce qu'il dit, c'est à lui-même qu'il la
fait plutôt qu'aux autres. A quatre-vingts ans, il
prend conseil du brave Eckermann : ce jeune
écolier lui enseigne les oiseaux; et le magnifique
vieillard l'écoute en disciple attentif, tout à la
joie de s'instruire. Il ne répète pas, comme Victor Hugo, cent fois par an, au premier rimeur
venu : «Vous faites les vers mieux que moi»;
mais il prête l'oreille à quiconque a fait une
étude ou une expérience personnelle. Il est toujours prêt à voir plus loin, à étendre son horizon,
à savoir davantage. Son siège n'est pas fait et ne
doit jamais l'être. Il n'a réellement pas de système. En poésie, en morale, il s'en tient à quelques idées dont il a fait l'épreuve, et qui ont
pour lui la certitude féconde, puisqu'il les a
mises en œuvre. O le noble esprit! Comme il est
vrai! Qu'il est peu fanatique! Quel juste et calme
dédain, quelle ironie il a pour le clerc qui le
prend de haut avec l'action, et pour l'homme
d'action qui ne tient pas compte de la pensée!

Ces deux fats, à tout coup, le font rire; et le pontife de cabinet bien plus que l'homme de guerre. Rien ne sépare jamais Goethe de la vie. Et, mourant, s'il appelle la lumière, c'est qu'il est toujours dans la vie et qu'il veut y être plus encore. (Puis, la fenêtre de sa chambre est très haut perchée, et ce jour de mars est bien gris.)

CV

Curiosité de Goethe

Tout le long de sa longue vie, Goethe est à l'étude. Pour lui, l'étude est le plaisir même; et le plaisir est encore une étude. Goethe est curieux de tout, de la nature comme de l'homme, de la science et de l'art, de l'histoire et des mœurs. Il ne répugne qu'à la théologie et au système. Sa curiosité universelle est la plus forte vertu de son esprit; et le besoin qu'il a d'accomplir le curieux en poète est le plus beau titre de son génie. Car le poème finit toujours par être la fleur de son étude.

«Poésie est délivrance» dit-il : ce mot, on le répète sans cesse avec lui : il est des plus fameux qu'on lui doive. Mais la poésie ne le délivre pas moins du savoir et de l'étude que des passions et des douleurs qu'elles engendrent. Il faut se délivrer même de ce qu'on sait pour être libre. Il est une délivrance parfaite : quand on se défait de soi, qu'on répudie les moindres parties de soi-même pour tout donner aux plus profondes et aux plus belles; enfin, quand on choisit de faire le sacrifice de ce qu'on est à ce qu'on doit être : on ne se sacrifie pas en vain. Il n'est pas question d'un sacrifice aveugle et servile; mais de se passer toujours soi-même. L'«En avant par delà les tombeaux» est d'abord une marche au-delà de ses propres morts; des condamnations successives que l'on porte contre son ignorance et son imperfection personnelles, au-dessus des cadavres qu'on a faits de soi, où l'on refuse d'être lié, et qu'on rejette : marche admirable où l'homme s'allège et se purifie; qu'on aille par bonds ou péniblement pas à pas sur les genoux, qu'on se traîne ou qu'on vole. Le renoncement est au terme de tous les chemins de Goethe. Le renoncement de Goethe est une ascension : il quitte les branches mortes et les moissons coupées. Il renonce au repos des ornières trop connues dans la plaine.

La curiosité de Goethe est la passion de son esprit. Par là, l'étude a pour fin le poème, et la science la beauté.

CVI

Goethe est l'éternel étudiant. Telle est sa façon d'être le plus grand des maîtres. Lui seul, peut être, fut ainsi avec Montaigne; mais l'homme des *Essais* cultive un champ clos, à peine deux ou trois provinces dans le vaste royaume où Goethe règne.

Goethe étudie beaucoup plus à quarante ans qu'à dix-neuf; et bien plus à soixante qu'à trente. Le monde est son maître; et sa Sorbonne, la vie. Ce merveilleux étudiant est le contraire du *scholar* et même de l'homme de lettres. Surtout en Allemagne, jamais, encore un coup, on ne fut si peu professeur, ni docteur, ni pontife en dépit de l'attitude olympienne. Il faut croire que l'Olympe est ce qui diffère le plus de la Sorbonne.

Hegel, cette caricature de Goethe, et qui est à la pensée de Goethe ce qu'une galerie du Muséum est à la nature, fait saisir ce que la curiosité du poète a d'original et de quel génie elle est le moyen. Hegel aboutit à la plus lourde, la plus morne, la plus morte des théologies : quand la machine serait parfaite, elle tourne à vide. Et Goethe au plus puissant des poèmes. Voilà *Faust,* et d'autre part la perpétuelle triade de la logique universelle. Le sublime Lyncée peut chanter et même rire sur sa tour, en contemplant l'univers, les yeux fermés; dans un coin du marais, il entend cette grenouille intarissable, Hegel, le professeur : son coassement explique tout. Goethe est la vie de la pensée; Hegel, la manie, la machine idéologique.

CVII

En quoi la curiosité de Goethe diffère de toutes les autres, celle de Montaigne exceptée : Aristote est le très clair Hegel de l'Antiquité, pur de toute pédanterie, mais non de système; et déjà dans Aristote la métaphysique annonce une espèce de théologie rationnelle. Mais il est trop grec pour n'être pas libre d'esprit; et il ne perd pas le contact avec la nature, avec la forme concrète. Moins deux, les livres d'Aristote sont assez comparables à ceux d'Auguste Comte : livres d'enseignement, qui veulent des disciples pour les instruire de tout ce que la science peut connaître. Tandis qu'Auguste Comte rédige et codifie, Aristote explique : ses meilleurs ouvrages sont les recueils de ses notes.

Pour Léonard de Vinci, sa curiosité est celle de l'homme qui ne laisse rien perdre, qui recueille toutes sortes de notions; et les recettes n'y ont pas moins de part que les découvertes. Ce qu'on appelle ses inventions ne sont, la plupart, que des on-dit. Il entend savoir tout ce qu'on sait; mais il est tout empirique. S'il a des perles, elles viennent peut-être, comme son écriture, des Indes et de l'Orient; elles sont mêlées à toutes sortes de coquilles et de fatras. Léonard est toujours l'ingénieur offrant ses services à Ludovic le More, et qui lui énumère tout ce qu'il sait faire depuis les ponts jusqu'aux girandoles de fête, et des canons aux bibelots.

Goethe n'étudie pas sans cesse pour apprendre seulement ni pour tout savoir. Goethe étudie pour *Être*. Même la connaissance n'est pas son véritable objet : son tout, c'est la vie. Grâces lui soient rendues, et gloire à lui : Goethe seul n'a pas été de métier. Pour qui le comprend, Goethe met fin, une fois pour toutes, au professeur et à l'homme de lettres. Si les gens de Sorbonne, en tous pays, entraient vraiment dans Goethe, n'étant pas poètes, ou ils iraient se jeter dans la Seine, ou ils se tairaient. Ils feraient d'ailleurs mieux de se taire que de se noyer.

Il est si bien avec les Dieux, qu'il leur fait la guerre pour s'en délivrer; et il les ressuscite, s'ils succombent. Goethe peut voir le Divin dans la plus misérable des formes vivantes, et il lui reconnaît, comme à lui-même, le droit d'être ce qu'elle est.

CVIII

Lyncée

Par nature et par choix, les jeunes sont presque toujours dans l'action. Ils vont dans la vie comme le chasseur égaré dans la forêt profonde : ils errent, ils cassent les branches, ils sautent par-dessus les haies; ils ne voient même pas ce qu'ils foulent aux pieds; ils cherchent leur voie : il leur faut la trouver, coûte que coûte, à force d'essais et de violences, sans s'interdire les cris hideux, les gestes inutiles et les efforts désordonnés. S'ils passent sur le corps de leur père, ils ne mesurent que l'espace franchi : ils ne voient pas le cadavre étalé.

On ne peut pas être en même temps l'acteur du drame et le spectateur tranquille. La calme lucidité du témoin n'est pas davantage le calme souverain du poète : car même s'il apaise les passions dans l'œuvre, le poète est passionné. On fait l'œuvre quand on renonce à la vie. Vivre d'abord et, s'il se peut, le chef-d'œuvre ensuite.

Le spectateur désintéressé de la tragédie, le poète tragique a sans doute été l'acteur de son drame, le plus souvent en esprit, mais aussi dans l'action : imaginer d'une certaine manière n'est pas si loin d'agir. Hamlet est un très grand poète : au bord de l'action, que ne fait-il le poème, comme il l'a conçu, au lieu de prendre les armes? Il se trompe, non pas sur sa nature, mais sur ses moyens. Son erreur est là. Il la paie en mourant. Car il faut toujours payer de la vie. Remarque, en guise d'oraison : la vie d'Hamlet est le drame; et le poème de Shakespeare la tragédie. Quand le génie s'en mêle la tragédie est plus réelle que le drame.

Cette puissance d'être au spectacle des autres et de soi, tout en faisant un poème, voilà où les hommes d'âge parviennent seuls, après avoir vécu. Les quarante premières années de Goethe, plus ou moins stériles, ont nourri le fécond demi-siècle qui s'en est suivi.

Ceux de vingt ans ont traité Goethe, à soixante, de vieux poète. Goethe est toujours jeune, avec nous. Et ces jeunes gens n'ont même plus mille ans : ils sont morts avant de naître. Mais que de bruit dans ces tombeaux. En vérité, la discrétion ici serait bien nécessaire. C'est le cas de le dire, on ne sait pas vivre dans les sépulcres. L'immense supériorité des vieux grands poètes sur les jeunes est de n'avoir pas d'âge : ils portent la vie qui dure.

CIX

Quel que soit Raphaël, ou Mozart, ou si haut qu'on les place, leurs chefs-d'œuvre ne sont que des œuvres de jeune homme. Elles sont vides près des grandes œuvres de la vieillesse et de la maturité. Leur légèreté ne vient pas de leurs ailes, mais de ce qu'elles flottent : elles n'ont pas assez de substance. Elles sont puériles avec perfection. Le génie tragique de la vie en est absent? En général, ce génie ne se manifeste précisément ni par l'excès des événements, ni par le crime. A cet égard, le drame est bien la loi des jeunes; et la tragédie, le lot des hommes d'âge. Il faut avoir vécu, il faut avoir traversé le feu et en être sorti pour donner aux passions une trempe éternelle.

Nous ne connaissons que les œuvres; mais dans les œuvres, il n'y a rien de grand, de neuf, de profond, d'unique enfin que l'homme même. Lui seul fait l'accent propre et le tour singulier de la parole commune. Comme il est l'âme du modèle dans le portrait, il est le sens et fait tout le prix de l'événement.

Le sourire est une apparition de la beauté, quand l'âme laisse prendre le vol à cette colombe captive. Et la bonté est le bizet, entre ces beaux oiseaux secrets.

Souvent, je vois Goethe sourire. Et quel que soit l'air qu'on lui prête, quand on le hisse sur un socle, la bonté de Goethe est certaine pour moi; elle perce en mille traits; et si la statue ne rit pas, elle s'éclaire du sourire.

Goethe a toujours été profondément généreux; désintéressé à l'extrême, qui est la seule façon de l'être réellement. Il n'était pourtant pas riche et ne l'a jamais été au-delà d'une bonne aisance. Il a toujours la bourse ouverte, quand il le peut, et sans la moinde ostentation. Il est secret là-dessus, comme sur le reste. Déjà dans l'âge mûr, s'il gagne quelque argent avec ses livres, à peine reçoit-il une petite somme de son éditeur, il fait aussitôt venir du foie gras et du champagne, qu'il commande à Hambourg; et il invite ses amis à festoyer gentiment avec lui, dans un repas intime. Soins charmants.

CX

Le sublime Lyncée ne naviguera plus; il n'est plus sur la mer. Du plus haut de la tour, il contemple. Quel détachement cette grandeur suppose. Que de sacrifices elle implique. Celui-là s'est rendu maître de tout en se rendant maître de soi : partout Goethe l'exige. Mais il faut encore qu'il reste capable de se perdre : la vision souveraine n'est pas sans passion : elle en est au contraire le dernier et plus bel usage. Toutes les haines, et même nationales, tous les partis pris ne sont que jeux d'insectes; et soi-même, on n'est qu'une fourmi si l'on s'y engage. Les fourmis sont aveugles. A ce point que chacune se multiplie de toute la fourmilière. Que l'homme, du moins, s'élève assez pour s'oublier et se jeter tout entier dans le feu de l'esprit. Il faut enfin avoir tant vécu qu'on dépasse sa propre vie et qu'on la renonce. Tous les dieux de Goethe sont des renonçants.

A défaut d'une poésie sublime, le renonçant donne l'exemple d'une clarté solaire et d'une paix magnanime. Lyncée lui-même n'est pas toujours sur la tour. On le trouve aussi dans son jardin et dans sa chambre. On admire alors ou on lui reproche son calme olympien. Que n'est-on également sensible à son indulgente bonté et à son ironie familière?

Il y a sans doute quelque froideur dans cette indulgence et dans cette ironie, quelque infini mépris des choses fortuites? Soit, Goethe garde tout son feu pour la pensée et les objets de l'âme. Au mois d'août 1830, quand on lui annonce la Révolution à Paris, il bondit de son siège et, les yeux brillants, il s'écrie : «Enfin, ils sont dans la bonne voie.» Pour lui, la Révolution, c'est la défaite de Cuvier à l'Académie des Sciences et la victoire de Geoffroy Saint-Hilaire. Plût au ciel qu'on vécût quatre-vingts et cent ans ou mille, pour toujours comprendre l'esprit comme ce grand homme-là. Et quel reproche oserait-on lui faire, à lui qui couvre presque tous ses dédains d'une complaisance et d'une politesse égales à son génie? Toutefois, il vient une heure où on se prête et ne se donne plus. Cette réserve n'est pas de l'avarice. Elle est la mesure dans l'excès même, que les dieux exigent de leurs fils. Qu'on ne parle plus du cœur ni du sentiment : les dieux ont été trop avilis dans la servitude publique.

CXI

Chacun de nous crée son avenir mystique, son enfer et son paradis, son éternité ou son néant. Les uns ont une âme, les autres, non; et il dépend d'eux seuls, en quelque sorte. Ainsi, les uns sont immortels, et les autres meurent. Une telle inégalité est la plus terrible des justices; et comme toute justice, elle est la parfaite et fatale iniquité. Tout me prouve que Goethe la considère en face et l'accepte. Ce terme est digne de lui. Par là, son esprit consomme son accomplissement, et s'élève encore dans la grandeur. Il se couronne d'une majesté paisible.

Ni le plus beau, ni le plus profond, ni même, si l'on veut, le plus poète, Goethe, parce qu'il est le plus complet et qu'il pense le plus, dans tous les ordres, avec beauté, est le plus grand homme des temps modernes.

Goethe seul est notre maître.

TABLE DES MATIÈRES

Achevé d'imprimer
sur les presses
de MAME IMPRIMEURS, à Tours
N° d'impression : 24603
Dépôt légal : Mai 1990